Sujeet Kumar
R.B. Deshmukh
R.M. Patrikar

Sinalização em modo de corrente para interconexão em chip

Sujeet Kumar
R.B. Deshmukh
R.M. Patrikar

Sinalização em modo de corrente para interconexão em chip

ScienciaScripts

Cover image: www.ingimage.com

This book is a translation from the original published under ISBN 978-3-659-86412-4.

Publisher:
Sciencia Scripts
is a trademark of
Dodo Books Indian Ocean Ltd. and OmniScriptum S.R.L publishing group

120 High Road, East Finchley, London, N2 9ED, United Kingdom
Str. Armeneasca 28/1, office 1, Chisinau MD-2012, Republic of Moldova, Europe
Managing Directors: Ieva Konstantinova, Victoria Ursu
info@omniscriptum.com

Printed at: see last page
ISBN: 978-620-8-52434-0

Índice

Agradecimentos

Este trabalho não contém apenas o resultado de anos de estudo, mas reflecte também as relações com muitas pessoas generosas e estimulantes. Este é o momento em que tenho a oportunidade de apresentar o meu reconhecimento a todas elas.

Gostaria de agradecer ao **Dr. W.S. Khokhle** por ter dado uma palestra maravilhosa sobre Design CMOS Analógico e Digital.

Gostaria de agradecer ao **Dr. D.K. Sharma** que me motivou a realizar este projeto.

Um agradecimento especial ao **pessoal de investigação** do **MINAG** no **Departamento de Engenharia Eletrónica e Informática**, **VNIT**, pelo seu apoio e cooperação no trabalho. Os meus agradecimentos vão também para os meus **colegas amigos** pelo seu encorajamento durante a realização deste trabalho de projeto

Quero agradecer aos **meus pais**, à **minha querida esposa Simran**, sem o seu apoio emocional e moral nada seria possível. O seu amor e apoio sempre me encorajaram e, por último, mas não menos importante, estou muito grato a **Deus**, que me deu boa saúde e boas pessoas à minha volta.

Sujeet Kumar

RESUMO

À medida que a tecnologia foi sendo reduzida, o número de transístores integrados numa única matriz aumentou. As tendências de escalonamento da tecnologia indicam que o atraso das interligações locais está a acompanhar o atraso dos transístores, mas o atraso das interligações globais está a aumentar. Este facto está a tornar-se um grande estrangulamento na realização de sistemas na pastilha. A utilização de materiais de baixa resistividade, como o cobre e o dielétrico de baixo K, proporciona algumas melhorias, mas, à medida que a tecnologia se torna mais pequena, o atraso através de um fio de comprimento fixo continua a aumentar.

Este livro aborda a sinalização em modo de corrente que minimiza o atraso da interligação global em relação ao modo de tensão (técnica de inserção de repetidor). Os circuitos de sinalização em modo de corrente neste livro utilizam o princípio de overdrive dinâmico (forte condução durante a transição) para minimizar a dissipação de energia estática. A sinalização em modo de corrente de extremidade única mostra a melhoria em relação ao modo de tensão (técnica de inserção de repetidor) em termos de atraso e potência. Para a transmissão e receção de ambos os lados, é discutida a sinalização bidirecional em modo de corrente, que apresenta boas vantagens em relação à sinalização em modo de tensão (técnica de inserção de repetidor). A sinalização diferencial em modo de corrente é proposta e é comparada com a sinalização em modo de corrente bidirecional e de extremidade única.

Capítulo 1

Introdução

O crescimento sustentado da tecnologia de integração em muito grande escala (VLSI) tem sido possível graças à escalada contínua da tecnologia CMOS para dimensões cada vez mais pequenas. O Roteiro Tecnológico Internacional para os Semicondutores (ITRS) tenta prever o futuro do CMOS e estabelece objectivos de aumento de escala [1]. O ITRS enumera também os desafios que têm de ser enfrentados para atingir esses objectivos. A figura 1.1 mostra o progresso projetado da tecnologia CMOS para a tecnologia de produtos em termos de função e dimensão das pastilhas. Uma imagem pormenorizada do roteiro é apresentada em [1]. A figura 1.2 mostra que o comprimento da porta do transístor está a diminuir muito rapidamente com a evolução da tecnologia.

1.1 Dimensionamento do dispositivo

Os transístores fabricados atualmente são cerca de 20 vezes mais rápidos e ocupam menos de 1% da área dos que foram construídos há 20 anos. Em 1974, Robert Dennard [2] explorou diferentes métodos de escalonamento dos dispositivos MOS e salientou que, se as tensões fossem escalonadas com as dimensões litográficas, obter-se-iam os benefícios que todos assumimos atualmente com o escalonamento: portas mais rápidas, de menor energia e mais baratas. O escalonamento de diferentes parâmetros é apresentado no Quadro 1.1. Neste caso, o escalonamento é efectuado com o parâmetro 'k', que tem um valor superior a um.

Tabela 1.1 Parâmetro de escala do dispositivo

Parâmetro do dispositivo ou circuito	Fator de escala
Dimensão do dispositivo t_{ox},L , W	1/k
Concentração de dopagem	K
Tensão V	1/k
Atual I	1/k
Capacitância εA/t	1/k
Tempo de atraso/circuito	1/k
Dissipação de potência/circuito VI	$1/k^2$
Densidade de potência	1

Devido ao escalonamento, verificámos que os parâmetros de potência, área e atraso são escalonados em $1/k^2$, $1/k^2$ e $1/k$, respetivamente, pelo que há uma grande melhoria no atraso, na área e na potência.

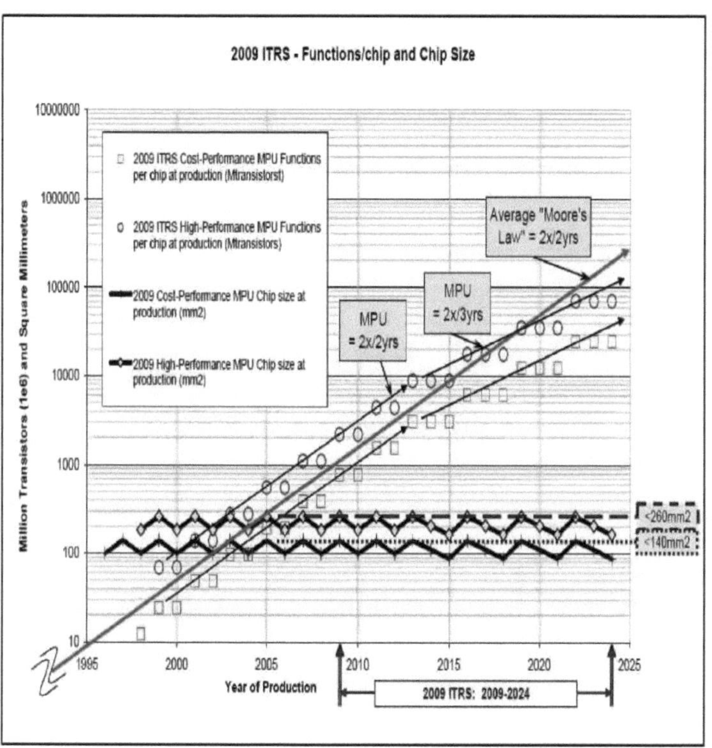

Figura 1.1 Tecnologia de produtos: Tendências Função/Chip do produto MPU e Média da indústria Lei de Moore e tendências de tamanho de chip [1]

No escalonamento, ignora os efeitos de segunda ordem, o que conduzirá a uma menor taxa de aumento do desempenho à medida que a dimensão do dispositivo é reduzida. Foram desenvolvidos e estão atualmente a ser explorados vários novos processos e estruturas de dispositivos para melhorar o desempenho dos dispositivos e atenuar os efeitos de canal curto.

Agora, para a integração de dispositivos, precisamos de interligação, pelo que, a seguir, estudaremos diferentes tipos de interligação e os desafios associados a essas interligações.

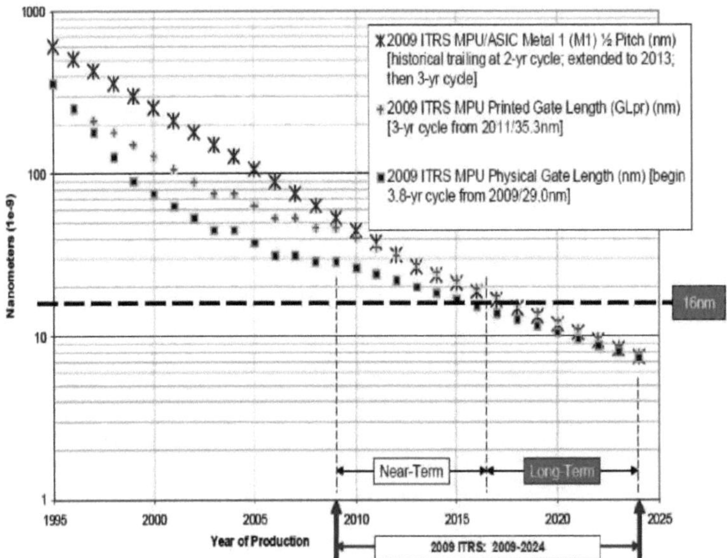

Figura 1.2 2009 ITRS-MPU/ASIC de elevado desempenho Meio passo e porta Tendências de comprimento [1]

Escalonamento de interconexão

O escalonamento da tecnologia também afecta as interligações. Tanto a espessura das camadas metálicas como a espessura do óxido entre as camadas metálicas diminuem com o aumento de escala. Além disso, a largura mínima de uma interligação e o espaçamento mínimo entre duas interligações diminuem.

Ao analisar o escalonamento das interligações na pastilha, é importante distinguir entre interligações locais e globais.

Com o escalonamento, um circuito com a mesma funcionalidade será mais pequeno numa nova tecnologia. As interligações deste circuito também se tornarão mais curtas e estas interligações à escala são designadas por interligações locais. No entanto, à medida que mais funcionalidades são colocadas numa pastilha, a dimensão total da pastilha mantém-se praticamente a mesma com o aumento de escala. Para além das interligações locais, haverá também interligações que abrangem todo o chip. Estas interligações não são escaláveis em termos de comprimento e são designadas por interligações globais. A Figura 1.3 mostra o comprimento da interconexão após o escalonamento

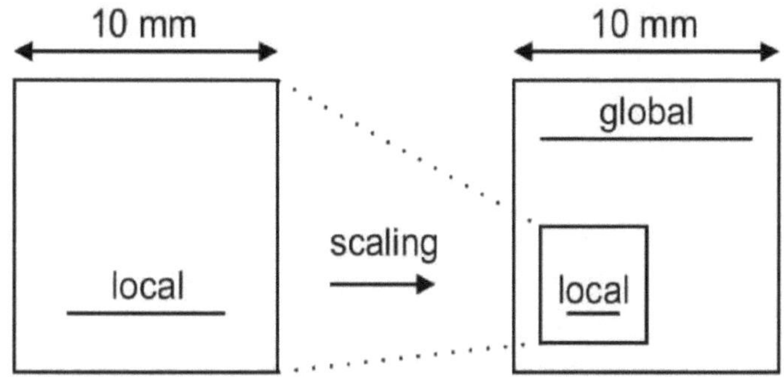

Figura 1.3 Interligações e escalonamento: interligações locais e globais [3]

1.2 Atraso de interconexão

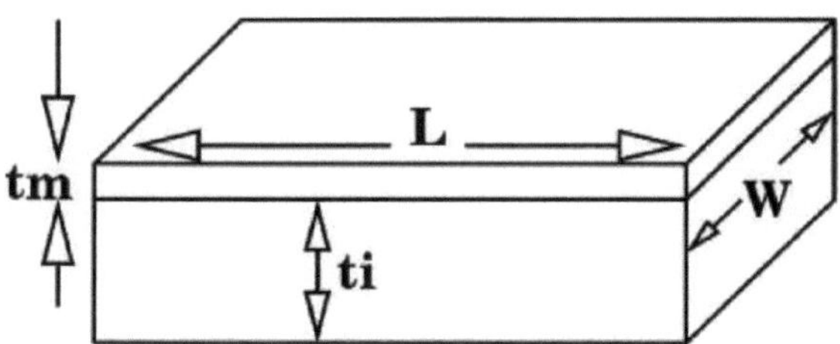

Figura 1.3 Interligação

$$R = \frac{\rho L}{W t_m} \quad (1.1)$$

$$C = \frac{\varepsilon L W}{t_i} \quad (1.2)$$

$$\text{Delay} \sim RC = \rho\varepsilon \frac{L^2}{t_m t_i} \quad (1.3)$$

O atraso é independente de W. Isto porque o aumento de W reduz a resistência mas aumenta a capacitância na mesma proporção. Infelizmente, W é o único parâmetro que o projetista do circuito pode decidir (L é fixado pela distância entre os pontos a ligar). ρ,ε,tm,ti são parâmetros dependentes da tecnologia.

Como vimos na secção sobre o escalonamento das interligações, as interligações locais escalam com o tamanho do dispositivo e as interligações globais escalam com o tamanho da matriz.

Para as interligações locais, L escala da mesma forma que tm, ti , pelo que o atraso é invariável. Para as interligações globais, L aumenta com o tamanho da matriz, enquanto tm e ti diminuem. Isto leva a um aumento acentuado do atraso. Esta situação está bem representada na Figura 1.3 (reproduzida de [1]) que mostra as tendências de atraso das interligações e dos dispositivos . O atraso do fio domina o atraso do dispositivo e cria um estrangulamento no desempenho.

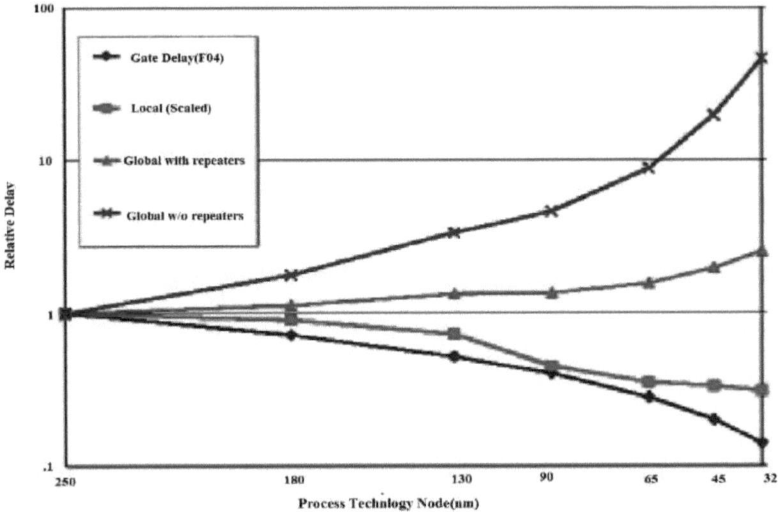

Figura 1.3 Tendências de atraso das interligações e dos dispositivos [1]

1.4 Soluções para problemas de interligação

A inserção de repetidores é uma solução clássica que altera a dependência do atraso em relação ao comprimento do fio de quadrática para linear. Um método de análise de atraso foi apresentado por Bakoglu [4], em que o repetidor é modelado por resistência e capacitância discretas, enquanto a interconexão é modelada como elementos RC distribuídos. Para conduzir a interligação de forma óptima, o atraso de cada repetidor deve ser igual ao atraso do segmento de interligação que está a conduzir [4][5]. Este princípio é usado para encontrar o número ideal de estágios de repetição e o tamanho do repetidor. Em [6], Nekili e Savaria analisaram os métodos de repetição existentes para encontrar as soluções de repetição que são óptimas.

Concluíram que, quando a interconexão é resistiva, um repetidor de duplo estágio tem melhor desempenho do que um conjunto exponencial de inversores. Dhar e Franklin [7] analisaram a otimização de repetidores com e sem restrições de área. Vários outros métodos de inserção de repetidores foram propostos [8, 9, 10, 11, 12, 13, 14,15]. Em todos os métodos de inserção de repetidores acima, o repetidor é modelado por elementos discretos de resistência e capacitância.

Adler e Friedman [16] melhoraram as metodologias de projeto de repetidores anteriores, caracterizando o atraso com equações I-V em vez de uma simples fonte de corrente que conduz elementos RC. Eles assumiram um sinal de entrada em degrau e uma região linear de operação para o dispositivo MOS. Eles usaram equações I-V da lei de Alphapower [17], mas as regras do modelo tradicional de Shockley [18] foram usadas para determinar as regiões de operação do transistor. Em [19], Dutta apresentou uma fórmula de atraso para um inversor que conduz uma carga capacitiva, modelando a entrada como uma rampa. Em [20][21] um é apresentado método de inserção de repetidores baseado num modelo de atraso derivado da lei de potência alfa e de formas de onda em rampa. Também foi proposto um método de inserção de repetidores não uniforme [22].

Foram propostos métodos de inserção de repetidores que incluem a indutância no modelo do fio. Ismail e Friedman utilizaram modelos empíricos ajustados à curva para extrair expressões para o atraso temporal de linhas RLC distribuídas [23]. Uma solução aplicável tanto a fios RC como RLC foi proposta em [24].

A inserção de repetidores é um método muito simples e popular, mas apresenta as seguintes desvantagens

- Os repetidores são muito eficazes para linhas com carga capacitiva e a utilização de grandes repetidores reduz significativamente o atraso. No entanto, se o fio for muito resistivo por natureza, o aumento da força de acionamento dos repetidores não resulta em qualquer benefício de desempenho. Além disso, os repetidores acrescentam o seu próprio atraso de comutação, o que limita a redução do atraso que é possível obter.

- As interligações são uma fonte crescente de consumo de energia. Com o escalonamento da tecnologia, o número de repetidores num chip está a aumentar exponencialmente [25] e estima-se que haverá cerca de 700 000 repetidores numa tecnologia de 70 nm e que consumirão cerca de 60 Watts de potência [26]. Uma vez que os repetidores são de grandes dimensões, serão também uma grande fonte de fuga de energia em tecnologias futuras.

- Os repetidores são sensíveis à colocação. A maioria das soluções de inserção de repetidores requer a colocação regular de repetidores de tamanho uniforme. Se os repetidores não forem colocados num intervalo regular devido a restrições de colocação, o desempenho da cadeia de repetidores degrada-se [27]. Os repetidores são bastante grandes e, em certos casos, pode não ser possível colocá-los.

- A inserção de repetidores ao longo do cabo torna-o unidirecional. Os buffers bidireccionais consomem área de encaminhamento adicional e recursos de energia.

Assim, existem técnicas de repetição para reduzir o atraso, mas à custa da integridade dos dados, da potência ou da área. Para resolver o problema dos repetidores, a sinalização em modo de corrente é uma solução potencial. Neste caso, é transmitida corrente em vez de tensão. Na sinalização em modo de corrente, o tempo de subida é limitado pela indutância e não pela capacitância. Normalmente, os efeitos indutivos são muito mais pequenos do que os efeitos capacitivos. Assim, o acoplamento eletromagnético é menor do que o acoplamento eletrostático. As oscilações de tensão são limitadas por tensões de alimentação reduzidas, mas isso não restringe as oscilações de corrente. Na verdade, podemos usar vários valores de corrente para enviar mais de um bit pelo mesmo fio. A vantagem da sinalização em modo de corrente em termos de potência e atraso é discutida em [28] [29]. Na sinalização em modo de corrente, a dissipação de potência estática é elevada e, para reduzir a potência estática, é utilizado o overdrive dinâmico no documento [30]-[32].

1.5 Organização do livro

O livro está organizado da seguinte forma

Chapter 2 descreve o parâmetro de interligação em termos de RLC. A técnica de cálculo do RLC é apresentada. Aqui é descrita a modelação do fio elétrico. Também é descrito o modelo de interligação que é utilizado para a simulação

Chapter 3 descreve os antecedentes da sinalização em modo corrente e o seu parâmetro de desempenho para a interligação global.

Chapter 4 descreve a sinalização de modo de corrente de extremidade única. São apresentados os resultados da simulação e o layout do single ended.

Chapter 5 descreve a sinalização bidirecional em modo de corrente. São apresentados os resultados da simulação e o esquema da terminação bidirecional.

Chapter 6 descreve a sinalização do modo de corrente diferencial. São apresentados os resultados da simulação e o esquema da terminação bidirecional.

Chapter 7 conclui o livro e discute alguns dos possíveis trabalhos futuros.

Referências

[1] Roteiro tecnológico internacional para os semicondutores, http://public.itrs.net.

[2] R.H. Dennard, F.H. Gaensslen, V.L. Rideout, E. Bassous e A.R. LeBlanc, "Design of Ion-Implanted MOSFET's with Very Small Physical Dimensions", *IEEE Journal of Solid-State Circuits*, outubro de 1974.

[3] R. Ho, K. W. Mai, e M. A. Horowitz, "The future of wires," *Proceedings of the IEEE*, vol. 89, pp. 490-504, abril de 2001.

[4] Bakoglu, H. B. Circuits, Interconnections and Packaging for VLSI. Addison Wesley Publishing Company, Reading, Massachusetts, 1990.

[5] Bakoglu, H. B. e Meindl, J. D. Optimal Interconnection Circuits for VLSI. IEEE Transactions on Electron Devices, páginas 903-909, 1985.

[6] Nekili, M. e Savaria, Y. Métodos óptimos de condução de interligações em circuitos VLSI. Em Proceedings of the IEEE International Symposium on Circuits and Systems, páginas 21-23, 1992.

[7] Dhar, S. e Franklin, M. Optimum Buffer Circuits for Driving Long Uniform Lines. IEEE Journal of Solid State Circuits, 26:32-40, janeiro de 1991.

[8] Wu, C. Y. and Shiau, M. Delay Models and Speed Improvement Techniques for RC Line and Tree Interconnections Among Small-geometry CMOS Inverters. IEEE Journal of Solid State Circuits, 25:1247-1256, setembro de 1990.

[9] Tretz, C. e Zukowski, C. CMOS Transistor Sizing for Minimization of Energydelay Product. Em Proceedings of the Great Lakes Symposium on VLSI, páginas 168-173, 1991.

[10] Mohsen, M. e Mead, C. A. Delay Time Optimization for Driving and Sensing of Signals on High-Capacitance Paths of VLSI Systems. IEEE Journal of Solid State Circuits, 14:462-470, abril de 1979.

[11] Cherkauer, B. A. e Friedman, E. G. A Unified Design Methodology for CMOS Tapered Buffers. IEEE Transactions on VLSI Systems, 3:99-111, março de 1995.

[12] Li, N. C. CMOS Tapered Buffer. IEEE Transactions on Computer-Aided Design, 10(11):1447-1459, novembro de 1991.

[13] Hedenstierna, N. e Jeppson, K. O. Comments on the Optimum CMOS Taper Buffer Problem. IEEE Journal of Solid State Circuits, 29:155-159, janeiro de 1994.

[14] Mead, C. A. e Rem, M. Minimum Propagation Delay in VLSI (Atraso mínimo de propagação em VLSI). IEEE Journal of Solid State Circuits, 17:773-775, agosto de 1982.

[15] Culetu, J. Um método prático de inserção de repetidores em circuitos VLSI de alta velocidade. Em Proceedings of the IEEE/ACM Design Automation Conference, 1998.

[16] Adler, V. and Friedman, E. Repeater Design to Reduce Delay and Power in Resistive Interconnect. IEEE Transactions on Circuits and Systems - II, páginas 607616, 1998.

[17] Sakurai, T. and Newton, A. R. Alpha-power Law MOSFET Model and its Applications to CMOS Inverter Delay and Other Formulas. IEEE Journal of Solid-State Circuits, 25(2):584{594, abril de 1990.

[18] Shichman, H. e Hodges, D. A. Modeling and Simulation of Insulated-gate Field-effect Transistor Switching Circuits. IEEE Journal of Solid-State Circuits, 3(3):285-289, setembro de 1968.

[19] Dutta, S., Shetti, S., e Lusky, L. A Comprehensive Delay Model for CMOS Inverters. IEEE Journal of Solid State Circuits, 30:864-971, agosto de 1995.

[20] Nalamalpu, A. e Burleson, W. Repeater Insertion in deep sub-micron CMOS: Ramp based Analytical Model and Placement Sensitivity Analysis. Em Proceedings of IEEE International Symposium on Circuits and Systems, páginas 766-769, 2000.

[21] Nalamalpu, A. Conceção de repetidores em CMOS submicrónico profundo: soluções de repetidores óptimos com atraso, restrições de potência e análise de sensibilidade de colocação. Tese de mestrado, Universidade de Massachusetts Amherst, 2000.

[22] Srinivasaraghavan, S. e Burleson, W. Interconnect Effort - A Unification of Repeater Insertion and Logical Effort (Esforço de interconexão - uma unificação da inserção de repetidores e do esforço lógico). Em Proceedings of the IEEE Symposium on VLSI Circuits, páginas 55-61, 2003.

[23] Ismail, Y. e Friedman, E. Effects of Inductance on the Propagation Delay and Repeater Insertion in VLSI Circuits (Efeitos da indutância no atraso de propagação e na inserção de repetidores em circuitos VLSI). IEEE Transactions on Very Large Scale Integration (VLSI) Systems, páginas 195-206, 2000

[24] Venkatesan, R., Davis, J. A., e Meindl, J. D. A Physical Model for the Transient Response of Capacitively Loaded Distributed RLC Interconnects. Em Proceedings of IEEE/ACM Design Automation Conference, páginas 763-766, 2002.

[25] Sylvester, D. e Keutzer, K. Getting to the Bottom of Deep Submicron II : A Global Paradigm. Em Proceedings of International Symposium on Physical Design, páginas 193-200, 1999.

[26] Cong, J. Challenges and Opportunities for Design Innovations in Nanometer Technologies. Em SRC Design Sciences Concept Paper, 1997.

[27] Cong, J., Kong, T., e Pan, D. Z. Buffer Block Planning for Interconnect- Driven Floor planning. Em Proceedings of International Conference on Computer Aided Design, páginas 358-363, 1999.

[28] Evert Seevinck, P. J. van Beers e H. Ontrop, "Current-mode techniques for high speed VLSI circuits with application to current sense amplifier for CMOS SRAM's," IEEE Journal of Solid State Circuits, vol. 26, no. 4, pp. 525-536, abril de 1991.

[29] Sunil Jadav, Gargi Khanna, Ashok Kumar , Gaurav Saini, "Low Power High Throughput Current Mode Signalling Technique for Global VLSI Interconnect" , *Int'l Conf. on Computer & Communication Technology ICCCT*, Nov. 2010

[30] Mohammad Moghaddam Tabrizi ,Nasser Masoumi, Mahsa Deilami, "High Speed Current-Mode Signalling for Interconnects Considering Transmission line and Crosstalk Effects" *in proc of*

MWSCAS, August 2007, pp. 17-20

[31] Marshnil V Dave, Maryam Shojaei Baghini, Dinesh K. Sharma, "Recetor de modo de corrente de baixa potência com impedância indutiva" *proc. do ISPLED*, agosto de 2008

[32] Marshnil V Dave ,Maryam Shojaei Baghini, Dinesh K. Sharma, "A Process Variation Tolerant, High-Speed and Low-PowerCurrent Mode Signaling Scheme for On-chip Interconnect" , *proc. of GLSVLSI'09*, May, 2009.

Capítulo 2

Modelação de interligações

A cablagem dos circuitos integrados actuais forma uma geometria complexa que introduz parasitas capacitivos, resistivos e indutivos. Todos os três têm efeitos múltiplos no comportamento do circuito. Todos os três têm múltiplos efeitos sobre o comportamento do circuito como-

1. Um aumento do atraso de propagação ou, de forma equivalente, uma queda no desempenho.
2. Um impacto na dissipação de energia e na distribuição de potência.
3. A introdução de fontes de ruído adicionais, que afectam a fiabilidade do circuito.

2.1 Parâmetros de interconexão - Capacitância, resistência e indutância

2.1.1 Capacitância

A capacitância de um fio deste tipo é uma função da sua forma, do seu ambiente, da sua distância ao substrato e da distância aos fios circundantes. Considere primeiro um fio retangular simples colocado acima do substrato semicondutor, como mostra a Figura 2.1. Se a largura do fio for substancialmente maior do que a espessura do material isolante, pode assumir-se que as linhas de campo elétrico são ortogonais às placas do condensador e que a sua capacitância pode ser modelada pelo modelo de capacitância de placas paralelas (também chamado capacitância de área). Nestas circunstâncias, a capacitância total do fio pode ser aproximada como

$$C_{int} = \frac{\varepsilon_{di}}{t_{di}} WL \qquad (2.1)$$

em que *W* e *L* são, respetivamente, a largura e o comprimento do fio, e *tdi* e εdi representam a espessura da camada dieléctrica e a sua permissividade. ε é tipicamente expresso como o produto de dois termos, ou $\varepsilon = \varepsilon_{r*}\ \varepsilon_o = 8.854 * 10^{-12}$ F/m é a permissividade do espaço livre, e εr a permissividade relativa do material isolante. A Tabela 2.1 apresenta a permissividade relativa de vários dieléctricos utilizados em circuitos integrados.

Tabela 2.1 Permissividade relativa de alguns materiais dieléctricos típicos [1]

Material	εr
Espaço livre	1
Aerogéis	~1.5
Poliimidas (orgânicas)	3-4

Dióxido de silício	3.9
Vidro-epóxi (placa de circuito impresso)	5
Nitreto de silício (Si3N4)	7.5
Alumina (embalagem)	9.5
Silício	11.7

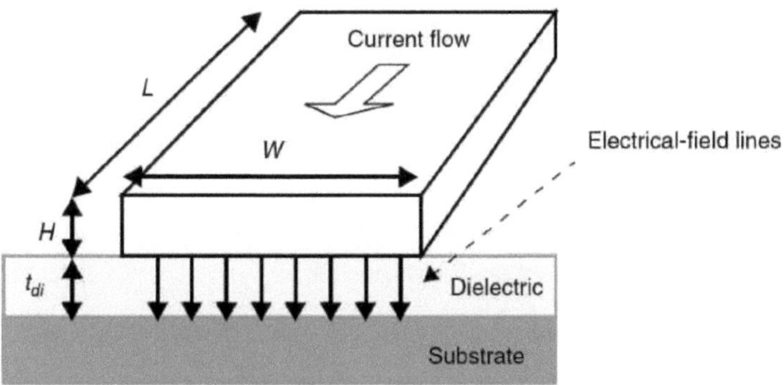

Figuras 2.1 Modelo de capacitância em placa paralela do fio de interligação [1]

Para minimizar a resistência dos fios enquanto se aumenta a tecnologia, é desejável manter a secção transversal do fio (*W*H*) tão grande quanto possível, como se verá numa secção posterior. Por outro lado, pequenos valores de *W* levam a uma cablagem mais densa e a uma menor sobrecarga de área. Consequentemente, ao longo dos anos, tem-se assistido a uma redução constante da *relação W/H*, de tal forma que, em processos avançados, esta chega mesmo a ser inferior à unidade. Nestas circunstâncias, o modelo de placa paralela assumido acima torna-se impreciso. A capacitância entre as paredes laterais dos fios e o substrato, denominada capacitância de franja, já não pode ser ignorada e contribui para a capacitância global. Este efeito é ilustrado na Figura 2.2.

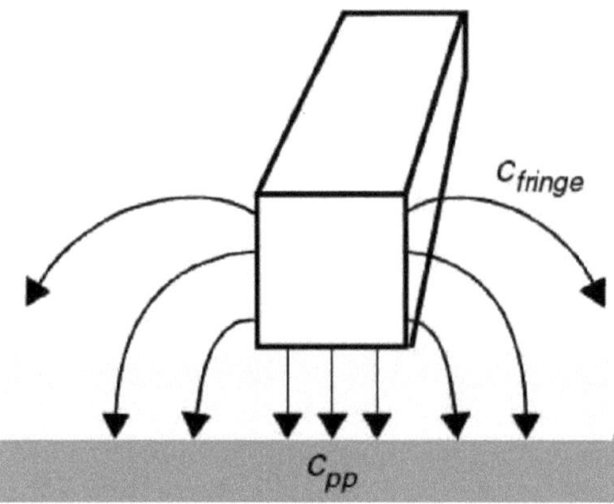

Figura 2.2 Campos marginais [1]

A capacitância é a soma de dois componentes: a capacitância de placa paralela e a capacitância de franja. A modelação destes componentes é apresentada na Figura 2.3

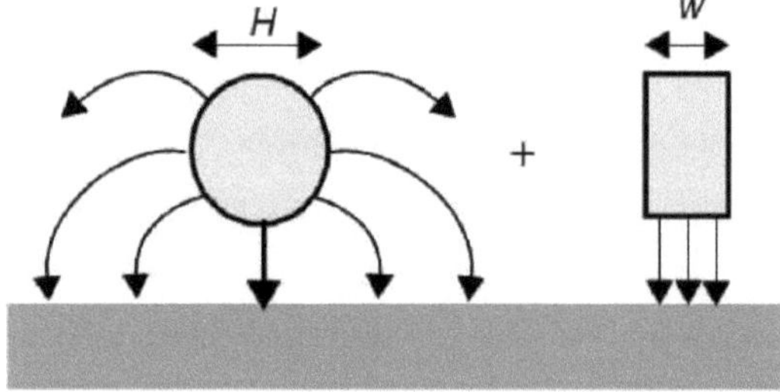

Figura 2.3 Modelo de capacitância de campo de franja [1]

Uma capacitância de placa paralela é determinada pelo campo ortogonal entre um fio de largura *w* e o plano de terra, em paralelo e a capacitância de franja modelada [1] por um fio cilíndrico com uma dimensão igual à espessura *H* da interconexão.

$$C_{wire} = C_{pp} + C_{fringe} = \frac{w\varepsilon_{di}}{t_{di}} = \frac{2\pi\varepsilon_{di}}{\log\left(\frac{t_{di}}{H}\right)} \quad (2.2)$$

Com $w =$ W - $H/2$ uma boa aproximação para a largura do condensador de placa paralela

. Até agora, restringimos a nossa análise ao caso de um único retângulo

condutor colocado sobre um plano de terra. Esta estrutura, designada por microstriplina, costumava ser um bom modelo para as interligações de semicondutores quando o número de camadas de interligação era limitado a 1 ou 2. Os processos actuais oferecem muito mais camadas de interligação, que são compactadas de forma bastante densa em adição. Neste cenário, o pressuposto de que um fio está completamente isolado das estruturas circundantes e está apenas acoplado capacitivamente à terra torna-se insustentável. Este facto é ilustrado na Figura 2.4, onde são identificados os componentes de capacitância de um fio integrado numa hierarquia de interligação. Cada fio está acoplado não só ao substrato ligado à terra, mas também aos fios vizinhos na mesma camada e nas camadas adjacentes. Em primeira ordem, isso não altera a capacitância total conectada a um determinado fio. A principal diferença é que nem todos os seus componentes capacitivos terminam no substrato aterrado, mas que um grande número deles se conecta a outros fios, que têm níveis de tensão que variam dinamicamente. Veremos mais tarde que estes condensadores flutuantes não só constituem uma fonte de ruído (crosstalk), como também podem ter um impacto negativo no desempenho do circuito.

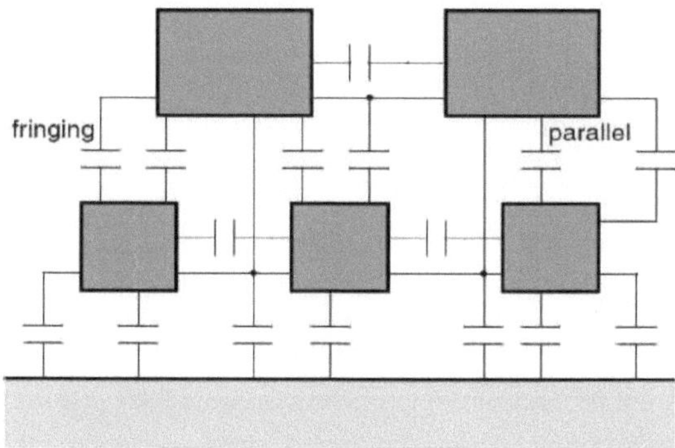

Figura 2.4 Acoplamento capacitivo entre fios numa interligação [1]

Em resumo, as capacitâncias entre fios tornam-se um fator dominante nas estruturas de interligação multicamadas. Este efeito é mais evidente nos fios das camadas de interligação mais elevadas, uma vez que estes fios estão mais afastados do substrato.

2.1.2 Resistência

A resistência de um fio é uma função tanto da geometria como das caraterísticas do material do fio e é dada por

$$R = \frac{\rho * L}{A} = \frac{\rho * L}{H * W} \tag{2.3}$$

onde L e A são o comprimento e a área da secção transversal da área condutora do fio, respetivamente, e ρ é a resistividade do material (em W-m) do material do fio. A tabela 2.2 apresenta a resistividade de alguns dos materiais condutores mais utilizados.

Tabela 2.2 Resistividade dos condutores normalmente utilizados (a 20^ C) [1]

Material	ρ(Ω-m)
Prata (Ag)	$1.6 *10^{-8}$
Cobre (Cu)	$1.7 *10^{-8}$
Ouro (Au)	$2.2 *10^{-8}$
Alumínio (Al)	$2.7 *10^{-8}$
Tungsténio (W)	$5.5 *10^{-8}$

Uma vez que *H* é uma constante para uma dada tecnologia, a Eq. (2.3) pode ser reescrita da seguinte forma

$$R = R\square \frac{L}{W} \qquad (2.4)$$

Com

$$R\square = \frac{\rho}{H} \qquad (2.5)$$

é a resistência de folha do material, tendo unidades de Ω/□ (Ohm-por-quadrado). Isso expressa que a resistência de um condutor quadrado é independente de seu tamanho absoluto, como é evidente na Eq. (2.4). Para obter a resistência de um fio, basta multiplicar a resistência da folha pela sua razão (L/W).

O alumínio é o material de interligação mais frequentemente utilizado nos circuitos integrados devido ao seu baixo custo e à sua compatibilidade com o processo normal de fabrico de circuitos integrados. Infelizmente, tem uma grande resistividade em comparação com materiais como o cobre. Com objectivos de desempenho cada vez maiores, isto está a tornar-se rapidamente uma responsabilidade e os processos de topo de gama estão agora a utilizar cada vez mais o cobre como condutor de eleição.

No entanto, a frequências muito elevadas, entra em jogo um fenómeno adicional chamado efeito de pele, de tal forma que a resistência se torna dependente da frequência. As correntes de alta frequência tendem a fluir principalmente na superfície de um condutor, com a densidade da corrente a diminuir exponencialmente com a profundidade do condutor. A profundidade de pele d é definida como a profundidade onde a corrente cai para um valor de e^{-1} do seu valor nominal, e é dada por

$$\delta = \sqrt{\frac{\rho}{\pi f \mu}} \qquad (2.6)$$

Sendo f a frequência do sinal e m a permeabilidade do dielétrico circundante (normalmente igual à permeabilidade do espaço livre, ou $\mu = 4\pi * 10^{-7}$ H/m).

O efeito pode ser aproximado assumindo que a corrente flui uniformemente num invólucro exterior do condutor com espessura d, como ilustrado na Figura 2.5 para um fio retangular.

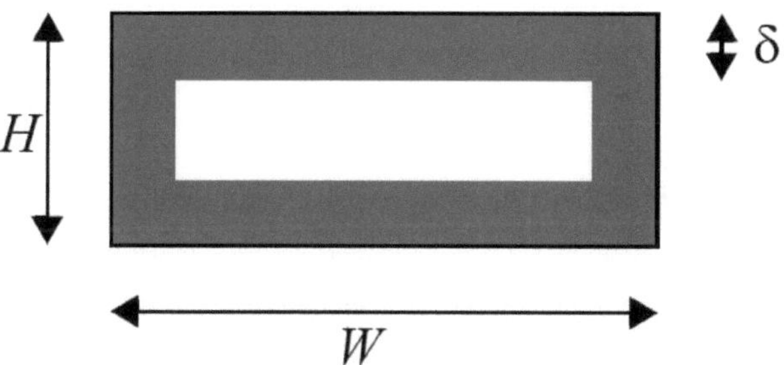

Figura 2.5 O efeito de pele reduz o fluxo da corrente para a superfície do fio [1]

Assumindo que a secção transversal total do fio está agora limitada a aproximadamente 2(W+H) , obtemos a seguinte expressão para a resistência (por unidade de comprimento) a altas frequências ($f > f_s$):

$$r(f) = \frac{\sqrt{\pi\mu f \rho}}{2(H+W)} \tag{2.7}$$

O aumento da resistência em frequências mais altas pode causar uma atenuação extra e, portanto, distorção do sinal que está a ser transmitido através do fio. Para determinar o início do efeito de pele, podemos encontrar a frequência fs em que a profundidade da pele é igual a metade da maior dimensão (W ou H) do condutor. Abaixo de fs, todo o fio está a conduzir corrente e a resistência é igual à resistência de baixa frequência (constante) do fio. A partir da Eq. (2.6), fs é conduzido[1]

$$f_s = \frac{4\rho}{\mu\pi((\max(W,H))^2} \tag{2.8}$$

Em resumo, o efeito de pele só é um problema para fios mais largos. Uma vez que os relógios tendem a transportar os sinais de frequência mais elevada num chip e também são bastante largos para limitar a resistência, é provável que o efeito de pele tenha o seu primeiro impacto nestas linhas. Esta é uma preocupação real para o design de gama GHz, uma vez que os relógios determinam o desempenho geral do chip (tempo de ciclo, instruções por segundo, etc.).

2.1.3 Indutância

Com a adoção de materiais de interconexão pouco resistivos e o aumento das frequências de comutação para a gama dos super GHz, a indutância começa a desempenhar um papel importante mesmo numa pastilha. As consequências da indutância na pastilha incluem efeitos de anelamento e de ultrapassagem, reflexões de sinais devido a incompatibilidade de impedâncias, acoplamento indutivo entre linhas e ruído de comutação devido a quedas de tensão Ldi/dt. A queda de tensão ΔV devida ao indutor é dada pela indutância

$$\Delta V = L\frac{di}{dt} , \tag{2.9}$$

em que L é a indutância e di/dt é a taxa de variação da corrente no circuito. A indutância do fio pode ser calculada a partir da geometria e do seu ambiente. Uma abordagem mais simples baseia-se no facto de a capacitância c e a indutância l (por unidade de comprimento) de um fio estarem relacionadas pela seguinte expressão

$$cl = \varepsilon\mu \tag{2.10}$$

sendo ε e μ, respetivamente, a permissividade e a permeabilidade do dielétrico circundante. A condição para que esta expressão seja válida é que o condutor esteja completamente rodeado por um meio dielétrico uniforme. Na maioria das vezes, não é esse o caso. No entanto, mesmo quando o fio está embebido em diferentes materiais dieléctricos, é possível adotar constantes dieléctricas "médias" de modo a que a Eq. (2.10) possa ser utilizada para obter um valor aproximado da indutância.

Algumas outras relações interessantes, obtidas a partir das leis de Maxwell, podem ser apontadas. O produto constante da permeabilidade e da permissividade define também a velocidade v com que uma onda electromagnética se pode propagar através do meio

$$v = \frac{1}{\sqrt{l\,c}} = \frac{1}{\sqrt{\mu\varepsilon}} = \frac{c_0}{\sqrt{\mu_r\,\varepsilon_r}} \tag{2.11}$$

c_0 é igual à velocidade da luz (30 cm/seg.) no vácuo. As velocidades de propagação para um certo número de materiais utilizados no fabrico de circuitos electrónicos estão tabeladas na Tabela 2.3. A velocidade de propagação do SiO2 é duas vezes mais lenta do que no vácuo.

Constantes dieléctricas e velocidades de propagação de ondas para vários materiais utilizados em circuitos electrónicos. A permeabilidade relativa μ_r da maioria dos dieléctricos é aproximadamente igual a 1.

Tabela 2.3 Constantes dieléctricas de diferentes materiais [1]

Dielétrico	ε_r	Velocidade de propagação (cm/seg.)

Vácuo	1	30
SiO2	3.9	15
Placa de circuito impresso (vidro epóxi) 5.0	5	13
Alumina (pacote cerâmico)	9.5	10

2.2 Modelos de fios eléctricos

Nas secções anteriores, introduzimos as propriedades eléctricas da capacitância, resistência e indutância dos fios de interligação e apresentámos algumas relações e técnicas simples para derivar os seus valores a partir das geometrias e topologias de interligação. Estes elementos parasitas têm um impacto no comportamento elétrico do circuito e influenciam o seu atraso, a dissipação de potência e a fiabilidade. Para estudar estes efeitos é necessário introduzir modelos eléctricos que estimem e aproximem o comportamento real do fio em função dos seus parâmetros. Estes modelos variam de muito simples a muito complexos, dependendo dos efeitos que estão a ser estudados e da precisão necessária.

2.2.1 O modelo RC agrupado

Quando a dimensão física, em particular o comprimento, de um canal metálico é muito menor em comparação com o comprimento de onda do sinal que passa através do canal, o canal pode ser tratado como um elemento fixo com as suas caraterísticas representadas por uma rede *RC* passa-baixo, como mostra a Fig. 2.6

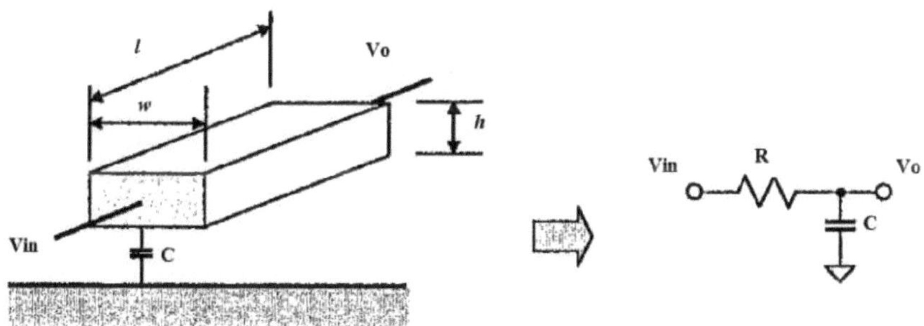

Figura 2.6 Modelo RC de canal de fios [2]

O funcionamento desta rede RC simples é descrito pela seguinte equação diferencial ordinária

$$C\frac{dV_o}{dt} + \frac{V_o - V_{in}}{R} = 0 \qquad (2.12)$$

Quando se aplica uma entrada em degrau (com *Vin* indo de 0 a *V*), sabe-se que a resposta transitória deste circuito é uma função exponencial, e é dada pela seguinte expressão (onde $\tau = R*C$, a constante de tempo da rede):

$$V_o(t) = (1 - e^{-t/\tau})\, V_{in} \qquad (2.13)$$

Infelizmente, derivar as formas de onda corretas para uma rede com um maior número de condensadores e resistências torna-se rapidamente irremediavelmente complexo: descrever o seu comportamento requer um conjunto de equações diferenciais ordinárias, e a rede contém agora muitas constantes de tempo (ou pólos e zeros). Se não for possível executar uma simulação SPICE completa, métodos de cálculo de atraso, como a fórmula de atraso de Elmore, podem ajudar [3].

Considere a rede resistor-capacitor da Figura 2.7. Este circuito é chamado de *árvore RC* e tem as seguintes propriedades:

- A rede tem um único nó de entrada
- Todos os condensadores estão entre um nó e a terra
- A rede não contém quaisquer laços resistivos (o que faz dela uma árvore)

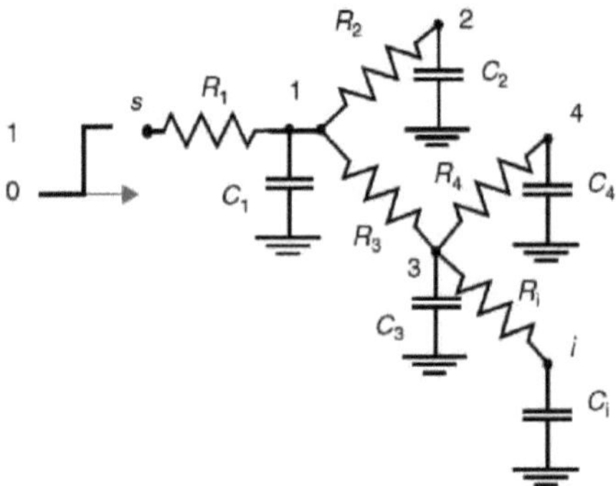

Figura 2.7 Redes RC estruturadas em árvore [1]

Suponha agora que cada um dos N nós da rede é inicialmente descarregado para GND, e que uma entrada em degrau é aplicada no nó s no tempo t = 0. O atraso de Elmore no nó i é então dado pela seguinte expressão [1]:

$$\tau_{Di} = \sum_{k=0}^{N} C_k R_{ik} \qquad (2.14)$$

Onde R_{ik} *é a resistência do caminho partilhado*, que representa a resistência partilhada entre os caminhos do nó raiz *para* os nós *k* e *I* e c_k representa a capacitância do nó *k*

$$R_{ik} = \sum R_j \Rightarrow (R_j \in [path(s \to i) \cap path(s \to k)]) \qquad (2.15)$$

O atraso de Elmore é equivalente à constante de tempo de primeira ordem da rede (ou o primeiro momento da resposta ao impulso). Ele oferece ao projetista um mecanismo poderoso para fornecer uma estimativa rápida do atraso de uma rede complexa.

O atraso de Elmore desta rede em cadeia pode ser derivado

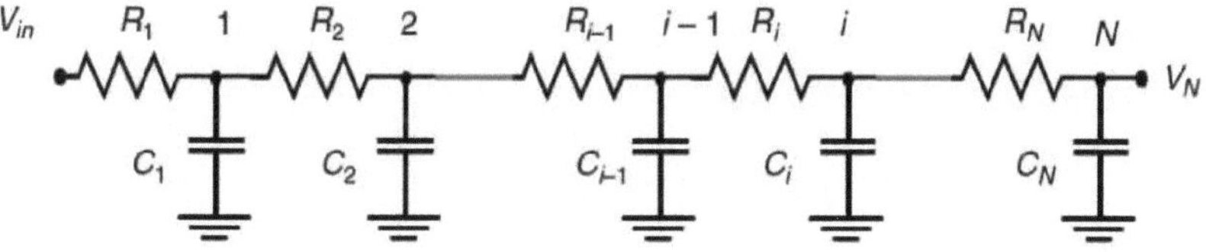

Figura 2.8 Redes RC em cadeia [1]

$$\tau_{dn} = \sum_{i=0}^{N} C_k R_{ii} \qquad (2.15)$$

Aqui, a resistência do caminho partilhado é substituída simplesmente pela resistência do caminho.

2.2.2 A linha RC distribuída

Quando a dimensão física de um canal metálico é comparável ao comprimento de onda do sinal que passa através do canal, as grandezas eléctricas do canal, tais como tensões e correntes, variam com o local físico onde essas grandezas são medidas. Neste caso, o canal não pode ser tratado como um elemento fixo. Em vez disso, deve ser considerado como um elemento distribuído, como mostrado na Fig 2.9, onde *R* e *C* são a resistência e a capacitância por unidade de comprimento, respetivamente.

O número de elementos distribuídos *N* deve ser tal que $\Delta l = \frac{l}{N}$ seja suficientemente pequeno em comparação com o comprimento de onda do sinal que viaja no canal.

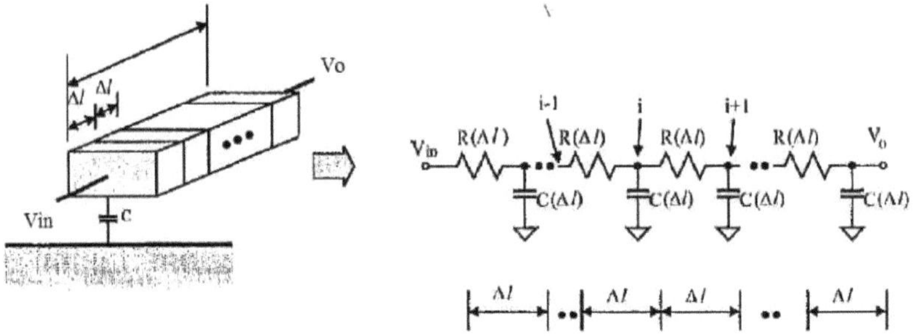

Figura 2.9 Modelo RC distribuído do canal dos fios [2]

A tensão no nó *i* desta rede pode ser determinada resolvendo o seguinte conjunto de equações diferenciais parciais:

$$C\,\Delta l\,\frac{\partial V_i}{\partial t} = \frac{(V_{i+1}-V_i)+(V_{i-1}-V_i)}{R\Delta l} \qquad (2.16)$$

O comportamento correto da linha *rc* distribuída é então obtido reduzindo Δl assintoticamente a $\Delta l \rightarrow 0$. Pois, a Eq. (2.17) torna-se a conhecida equação de difusão

$$RC\frac{\partial V}{\partial t} = \frac{\partial^2 V}{\partial x^2} \qquad (2.17)$$

Onde V é a tensão num determinado ponto do fio, e *x* é a distância entre esse ponto e a fonte de sinal. Não existe uma solução em forma fechada para esta equação, mas expressões aproximadas como a fórmula apresentada na Eq. (2.19) podem ser derivadas [7]. Sabe-se, no entanto, que a linha *RC* distribuída pode ser aproximada por uma rede *RC* em escada [1].

$$V_{out} = 2erfc\left(\sqrt{\frac{RC}{4t}}\right) \qquad t << RC \qquad (2.18)$$

$$= 1 - 3.6e^{-2.5359\frac{t}{RC}} + .366\,e^{-9.4641\frac{t}{RC}} \qquad t >> RC \qquad (2.19)$$

Alguns dos pontos de referência importantes na resposta ao degrau do modelo RC concentrado e distribuído do fio estão tabelados na Tabela 2.4. Por exemplo, o atraso de propagação (definido em 50% do valor final) da rede concentrada é, sem surpresa, igual a 0,69 *RC*. A rede distribuída, por outro lado, tem um atraso de apenas 0,38 *RC*, sendo *R* e *C* a resistência e a capacitância totais do fio. Isso confirma o resultado da Equação

Tabela 2.4 Resposta ao degrau de uma rede RC concentrada e distribuída [1]

Gama de tensões	Rede RC agrupada	Rede RC distribuída
0→50 %	0,69 RC	0,38 RC
0 →63%	RC	0,5 RC
10%→90%	2.2 RC	0,9 RC
0%→90 %	2.3 RC	1.0 RC

Modelos de simulação para linhas *RC* distribuídas

O maior número de elementos de um elemento RC distribuído pode ser aproximado através de um menor número de elementos. Elemento RC agrupado. Alguns modelos de aproximação são apresentados de seguida na Figura 3

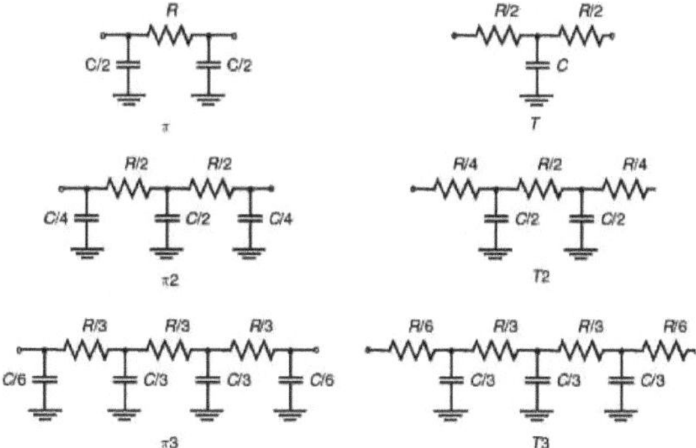

Figura 3.0 Modelos de simulação para linha RC distribuída [1]

Weste [3] e T. Sakurai [4] mencionam a suficiência de um modelo de fio π de três segmentos para as simulações, uma vez que permite obter uma boa exatidão, com um desvio de apenas 3%. As interligações modeladas como estruturas RC π 3 são também utilizadas em [6]. Trata-se de três segmentos do modelo RC concentrado na estrutura π ligados entre si. Estas segmentações são utilizadas se o fio que está a ser modelado for significativamente longo.

Neste livro, a simulação foi efectuada utilizando o modelo de estruturas RC π 3 como modelo de interligação.

Referências

[1] J. Rabaey, A. Chandrakasan e B. Nikolic, *Digital integrated Circuit*, *A Design Prospective*, Prentice Hall, 2003

[2] Fei Yuan, *CMOS current mode circuits for data communication*, Springer, 2007

[3] N. H. E. Weste e D. Harris, *CMOS VLSI Design: A Circuits and Systems Perspective,* Addison Wesley, 2005.

[4] T. Sakurai, "Approximation of wiring delay in MOSFET LSI," *JSSC,* vol. SC-18, Aug. 1983, pp. 418-426.

[5] E. Elmore, "The Transient Response of Damped Linear Networks with Particular Regard to Wideband Amplifiers", *Journal of Applied Physics*, pp. 55-63, janeiro de 1948.

[6] H. Zhang, V. George, e J. M. Rabaey, "Low-swing on-chip signaling techniques: effectiveness and robustness," *Very Large Scale Integration (VLSI) Systems, IEEE Transactions on,* vol. 8, 2000, pp. 264-272.

[7] H. Bakoglu, *Circuits, Interconnections and Packaging for VLSI*, Addison-Wesley, 1990.

Capítulo 3

Antecedentes do circuito de interligação em modo de corrente e parâmetros de desempenho

3.1 Modo de sinalização

O modo de sinalização é classificado em duas formas: modo de tensão e modo de corrente, respetivamente.

3.1.1 Modo de tensão

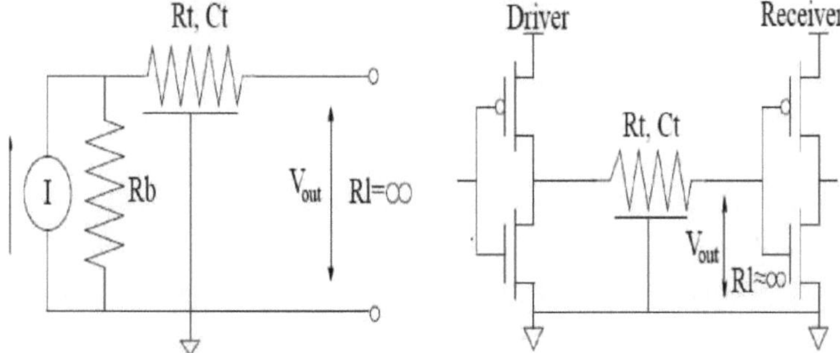

Figura 3.1 (a) Circuito teórico em modo de tensão Figura 3.1(b) CMOS [1]

A figura 3.1(a) mostra um modelo teórico de sinalização convencional em modo de tensão. Os circuitos de modo de tensão transmitem tensão como sinal na linha de transmissão, que é recebida por um recetor de modo de tensão com impedância de entrada infinita. A Figura 3.1(b) mostra a implementação do modo de tensão convencional. O sinal na interligação muda ao longo de uma oscilação total de tensão e o circuito de deteção no destino determina o estado do sinal utilizando este valor de tensão. Um inversor aciona uma interconexão, carregando a capacitância do fio que constrói uma tensão ao longo da linha. Outro inversor detecta a tensão e fornece uma terminação de alta impedância.

3.1.2 Modo atual

A figura 3.2(a) mostra a representação teórica da sinalização em modo de corrente. Os circuitos em modo de corrente transmitem um sinal de corrente na linha de transmissão. Na deteção de corrente, a linha é terminada por um curto-circuito (RL ~ 0), desviando assim a capacitância do fio.

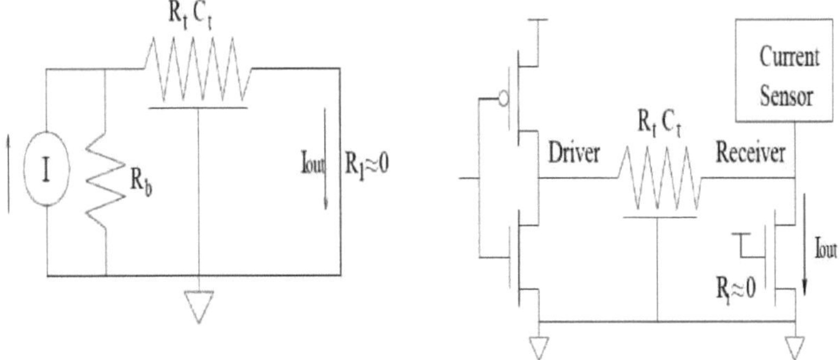

Figura 3.2(a) Circuito teórico em modo de corrente **Figura 3.2(b) CMOS [1]**

Ao evitar o carregamento da capacitância do fio, os sistemas de modo de corrente podem poupar energia e tempo. Por outro lado, a deteção de corrente requer técnicas de circuito especiais em comparação com os circuitos CMOS convencionais utilizados na deteção de tensão. O maior desafio na sinalização em modo de corrente é conceber circuitos de deteção eficientes. Pode ser utilizado um inversor típico para acionar a interligação, mas o recetor deve detetar a corrente e fornecer um caminho de baixa impedância para a terra. A Figura 3.2(b) mostra uma configuração típica de sinalização em modo de corrente. O caminho de baixa impedância para a terra causa dissipação de potência estática.

3.2 Parâmetro de desempenho da sinalização em modo atual

No caso das interligações de baixa potência, existem vários outros valores de mérito que determinam se uma determinada técnica de circuito de interligação é favorável:

-Atraso

3.2.1 Dissipação de energia

-Canto do processo

-Produção

3.2.2 Área do chip

3.2.3 Atraso

Consiste em três atrasos: atraso do condutor, atraso da interligação e atraso do recetor. O atraso da interconexão é o principal atraso no desempenho do circuito, uma vez que é o quadrado do comprimento da equação 1.3. O atraso do condutor e do recetor depende da complexidade da sua conceção.

$$T_{delay} = T_{dtransmitter} - T_{dinterconnect} + T_{dreceiver} \quad (3.1)$$

Em que $T_{dtransmitter}$ é o atraso do transmissor, $T_{dinterconnect}$ é o atraso da interconexão e Tdreceiver é o atraso do recetor.

Atraso entre a entrada e a saída medido a 50% dos transientes de subida e descida.

3.2.4 Dissipação de energia

Consiste em dois tipos de dissipação de potência denominados potência estática e potência dinâmica. A potência dinâmica é caracterizada pela equação 3.2

$$P_{dynamic} = A\, C\, \Delta V^2 f \quad (3.2)$$

A potência dinâmica depende da capacitância C, da oscilação de tensão ΔV e da frequência de relógio f. Na sinalização em modo de tensão, a oscilação de tensão é superior à da sinalização em modo de corrente, pelo que a dissipação de potência dinâmica é elevada.

A outra dissipação de potência é a potência estática e é caracterizada pela equação 3.3

$$P_{static} = V * I \quad (3.3)$$

A dissipação de energia estática depende da corrente e da tensão. Assim, no modo de sinalização atual, a corrente está sempre a passar pela interligação e, por conseguinte, consome mais energia estática.

Para conceber um bom circuito de modo de corrente, a potência estática deve ser tão baixa quanto possível. Neste livro, concebemos uma sinalização de modo de corrente que reduzirá a potência estática.

Para minimizar a potência estática, é utilizado o princípio da sobredrive dinâmica (abordado no capítulo 3). Neste livro, o consumo de energia é medido ao longo de 40 ciclos de entrada de onda quadrada.

3.2.5 Canto do processo

Do ponto de vista do designer, o efeito coletivo da variação do processo e do ambiente pode ser agrupado no seu efeito sobre os transístores: típico (nominal), rápido ou lento. No CMOS, existem dois tipos de transístores com caraterísticas algo independentes, pelo que a velocidade de cada um pode ser caracterizada. Além disso, a velocidade de interligação pode variar independentemente dos dispositivos. Quando estas variações de processamento são combinadas com variações ambientais, chama-se canto de projeto ou de processo. O termo "canto" refere-se a uma caixa imaginária que rodeia o desempenho garantido dos circuitos.

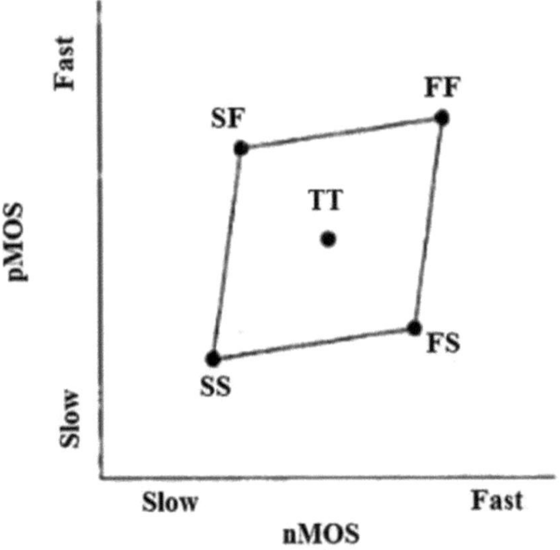

Figura 3.3 Cantos de projeto [2]

Os cantos de projeto estão listados na Tabela 3.1. Estes cantos são nMOS, pMOS, Fio, Vdd e Temp. A Tabela 3.2 mostra os cantos ambientais para 1,8 V. Os circuitos são mais rápidos em alta tensão e baixa temperatura. É mais provável que os circuitos falhem nos cantos do espaço de conceção, pelo que devem ser simulados circuitos não padrão em todos os cantos para garantir que funcionam corretamente em todos os casos. A variação dos cantos deve ser menor para um bom circuito.

Tabela 3.1 Verificação dos cantos de projeto [2]

Canto					**Objetivo**
nMOS	pMOS	Fio	Vdd	Temp	
T	T	T	S	S	Especificação do tempo
S	S	S	S	S	Especificação de temporização
F	F	F	F	F	Dissipação de potência DC
F	F	F	F	S	Fuga sublimiar
S	S	F	S	S	Corridas de portão contra fios
S	F	S	F	F	Corridas de fios contra portões

S	F	T	F	F	Corrida do pMOS contra o nMOS
F	S	T	F	F	Corrida de nMOS contra pMOS

Tabela 3.2 Cantos ambientais [2]

Canto	**Tensão**	**Temperatura (°C)**
F	1.98	0
T	1.8	70
S	1.62	125

3.2.6 Rendimento

A taxa de transferência é inversamente proporcional à variação do atraso [3]. Se a variação for menor, então o débito do sistema será elevado. A taxa de transferência é definida como a taxa máxima de dados que podem ser transmitidos com VOH > 0,8VDD e VOL <0,2VDD [4].

3.2.7 Área

medida que a tecnologia avança para sistemas com milhares de milhões de transístores, o custo de redes de fios complexas exigirá metodologias de cablagem eficientes em termos de área. Na sinalização em modo de tensão, a área necessária é elevada em relação à sinalização em modo de corrente. Na sinalização em modo de tensão, é necessário um repetidor para transmitir o sinal através de uma interconexão longa, o que faz com que a área necessária seja elevada na sinalização em modo de tensão.

Referências

[1] Narasimhan, M. Kasotiya e R. Sridhar, "A low-swing differential signaling scheme for on-chip interconnect", *em Proceedings of the 18th IEEE International Conference on VLSI Design*, janeiro de 2005, pp. 634-639.

[2] Neil H.E Weste, D. harris, Banerjee, *Cmos Vlsi Design, A Circuits And Systems Perspective*, Pearson Education India, 2006

[3] Harshit Shah, Pun Shin, Brian Bell, Mamie Aldredge, Namarata Sopory e Jeff Davis , "Repeater Insertion and Wire Sizing Optimization for Throughput-Centric VLSI Global Interconnects*", in proc of Computer Aided Design, ICCAD* , page no 7803-7607,*2002*

[4] Marshnil V Dave ,Maryam Shojaei Baghini, Dinesh K. Sharma, "A Process Variation Tolerant, High-Speed and Low-PowerCurrent Mode Signaling Scheme for On-chip Interconnect" , *proc. of GLSVLSI'09*, May, 2009

Capítulo 4

Sinalização de modo de corrente de terminação única

4.1 Introdução

Na sinalização em modo de corrente de terminação única, o transmissor gera uma única corrente que é transmitida usando um condutor de cada vez. Tanto o transmissor como o recetor em relação a uma ligação à terra comum são partilhados por ambas as extremidades. Eles também têm a vantagem de exigir apenas um fio por sinal. No entanto, têm também uma séria desvantagem: não podem funcionar a altas velocidades. Outra dificuldade é a interferência eletromagnética que pode ser gerada por um sistema de sinalização de terminação única que tenta operar em alta velocidade.

Recentemente, foram sugeridos esquemas de sinalização em modo de corrente de extremidade única para a transmissão de dados em linhas longas [29]-[5]. [2]-[5] utilizam o princípio da sobrealimentação dinâmica, que permite a transmissão de dados a alta velocidade com baixo consumo de energia estática. Entre os actuais esquemas CMS com overdriving dinâmico, os esquemas em [2] e [4] são os mais promissores. O controlador de sobrealimentação dinâmica proposto em [2] utiliza um circuito de realimentação, pelo que consome energia estática.

Assim, o circuito emissor [4] é utilizado para a análise do modo de corrente de extremidade única.

4.2 Overdrive dinâmico

O sobredimensionamento dinâmico significa essencialmente dar um forte impulso à linha durante a transição da entrada e um impulso muito pequeno em estado estacionário. No domínio da frequência, significa amplificar os componentes de alta frequência do sinal de entrada antes de o transmitir. A figura 4.2 indica que, quando ocorre uma transição no sinal, é transmitida uma corrente forte através da interligação. A largura de impulso da corrente é controlada através de um elemento de controlo (atraso). Para obter uma dissipação mínima de potência estática, a largura de impulso é mínima.

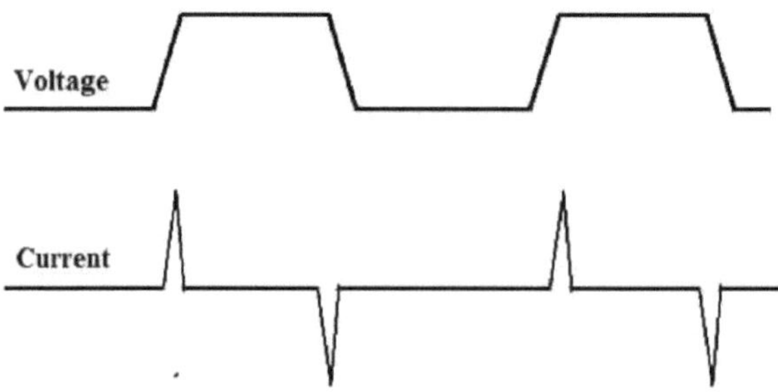

Figura n.º 4.1 Overdrive dinâmico []

4.3 Transmissor

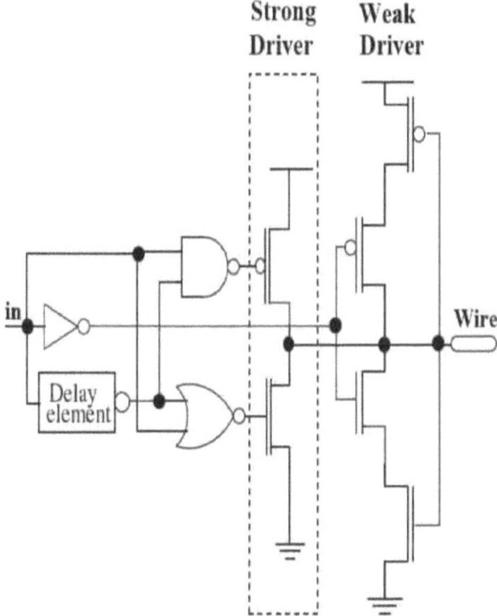

Figura n.º 4.2 Circuito do emissor [3]

O circuito utiliza um controlador de modo de corrente overdrive. O desviador fraco é fixado a quase Vdd/2 e foi concebido para ter uma pequena oscilação. Na entrada, uma porta de elemento de atraso gera sinais NOT atrasados da entrada. O elemento de atraso é constituído por três inversores de tamanho mínimo em cascata. A saída da porta NAND é sempre alta e a saída da porta NOR é sempre baixa, apenas nos momentos de transição, impulsos rápidos e agudos ocorrem nas saídas dessas portas. Por isso, o driver forte liga-se apenas nos momentos de transição e conduz fortemente a linha de saída durante um curto período de tempo. Isto carrega a capacitância de interligação mais rapidamente, resultando numa redução do atraso na transmissão do sinal. Na figura 4.3, os atrasos entre a entrada e a saída são obtidos através de um elemento de atraso. Os elementos de atraso controlam a duração da passagem de corrente elevada através da interligação.

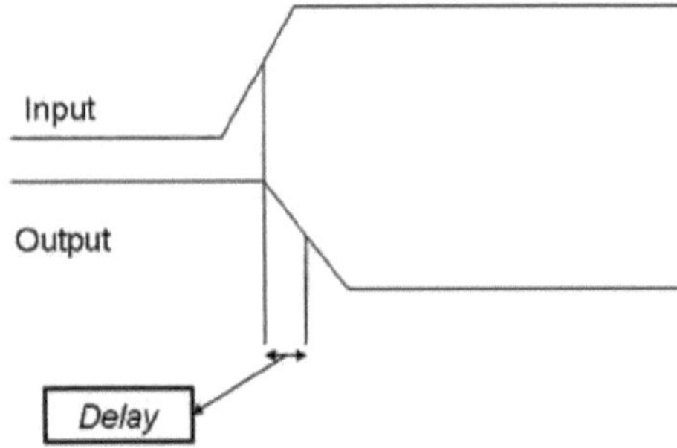

Figura 4.3 Entrada e saída do elemento de atraso

4.4 Recetor

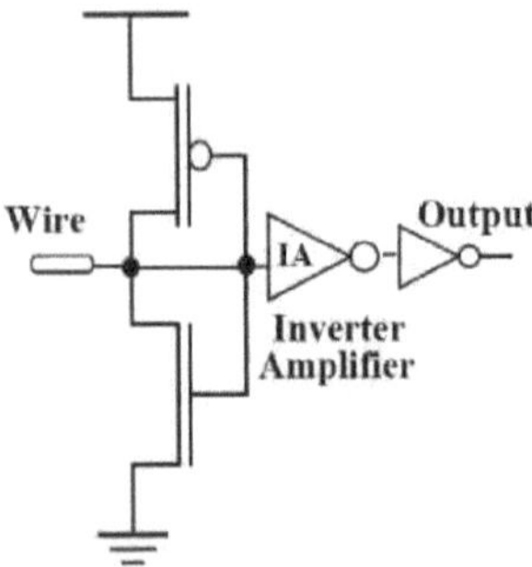

Figura 4.4 Circuito do recetor

A resistência de carga oferecida pelo inversor ligado por díodos é 1/(gmp + gmn). A resistência de carga oferecida pelo inversor ligado a díodos é de 1/(gmp + gmn). A saída desta fase é dada ao amplificador do inversor. Finalmente, a saída do IA é dada ao inversor através do qual se obtém a saída.

4.5 Configuração da simulação

O sistema de sinalização de modo de corrente de extremidade única foi concebido utilizando a tecnologia UMC180 (*.18um*) com V_{dd}=1,8V. A simulação foi efectuada com o simulador CADENCE SPECTRE. Aqui, as estruturas RC π 3 são tomadas como modelo de interligação. O valor de R e C obtido é 22 Ω / mm e 243,768fF / mm, respetivamente, usando [6]. O driver é projetado com o tamanho mínimo do inversor. A carga é considerada como o tamanho do inversor FO4. O número de repetidores e o tamanho do repetidor são usados com base em [7].

4.6 Resultados da simulação e discussão

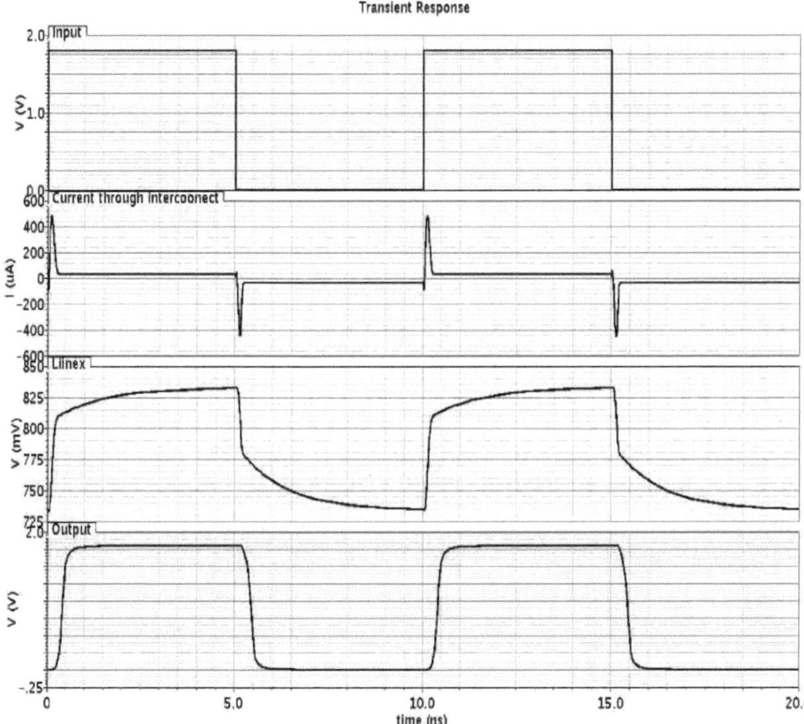

Figura 4.5 Forma de onda entrada-saída da sinalização em modo de corrente de terminação simples

Na Figura 4.5 é apresentada a forma de onda de entrada-saída da sinalização de modo de corrente de extremidade única. Aqui observamos que sempre que há uma transição entre a entrada e a saída, é transmitida uma corrente de valor elevado (forte) através da interligação. Linex é a forma de onda da tensão no terminador.

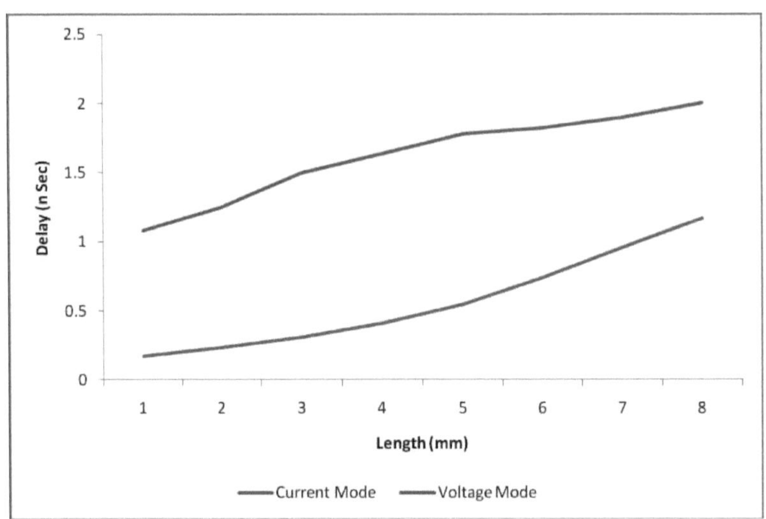

Figura 4.6 Atraso em função do comprimento para o modo de corrente e o modo de tensão (inserção de repetidor)

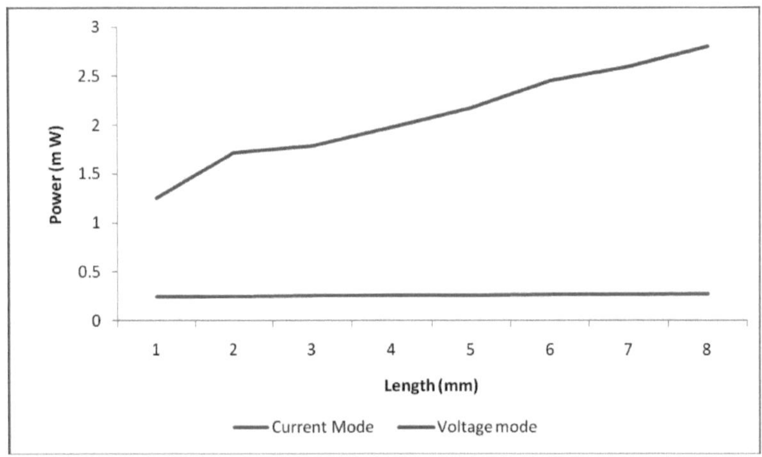

Figura 4.6 Potência em função do comprimento para o modo de corrente e o modo de tensão (inserção de repetidor)

As variações de atraso são mostradas na Figura 4.6. Atraso entre a entrada e a saída medido a 50% dos transientes de subida e descida para diferentes comprimentos de linha a uma taxa de dados de 100 Mbps. A variação do atraso é aproximadamente linear em relação ao comprimento da interconexão em ambos os esquemas. O atraso é aumentado em 49% para a sinalização em modo de tensão em comparação com a sinalização em modo de corrente quando se utiliza uma interligação de

7 mm de comprimento.

As variações de potência são apresentadas na Figura 4.7. O consumo de energia é medido ao longo de 40 ciclos da entrada de onda quadrada . Observamos que a potência não varia muito, mesmo que o comprimento esteja a aumentar no modo de corrente, enquanto no modo de tensão a potência aumenta linearmente. A variação de potência é menor devido à dissipação de potência dinâmica insignificante no modo de corrente. Observa-se uma poupança de energia de 4 vezes a 2 mm e de 9 vezes a 8 mm em relação à sinalização em modo de tensão.

4.7 Disposição

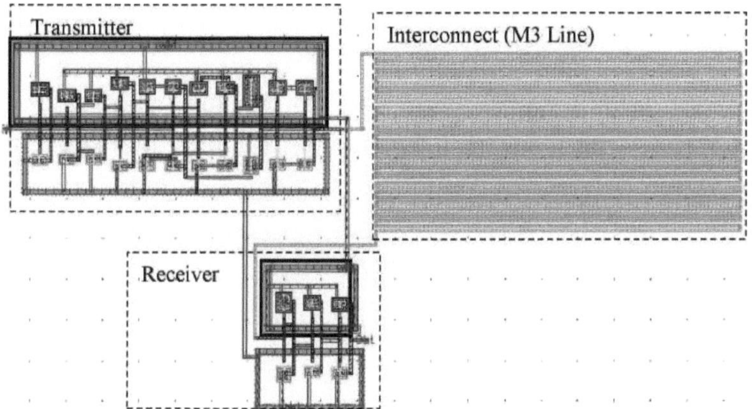

Figura 4.7 Esquema do sistema de sinalização em modo de corrente de um extremo

Na Figura 4.7 é desenhado um esquema para um sistema de sinalização em modo de corrente utilizando Assura em cadence. Aqui, o metal M3 é utilizado como interconexão. O comprimento da interligação é de 4 mm para a simulação.

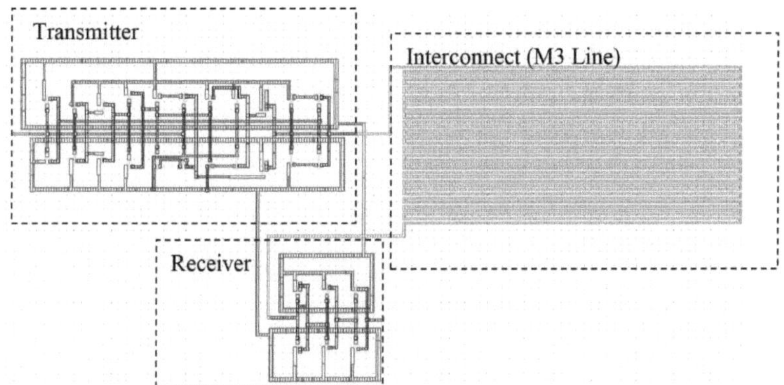

Figura 4.8 Vista extraída do sistema de sinalização de modo de corrente de terminação simples

A vista extraída é mostrada na Figura 4.8, que foi utilizada para a simulação pós-plotagem. Esta simulação permite prever com maior exatidão o comportamento do silício fabricado. Os resultados da pós-simulação são verificados a 100 Mbps para o comprimento de interligação de 4 mm, dando quase o mesmo resultado que o obtido nos circuitos.

A partir da análise acima, verificámos que o sistema de sinalização de modo de corrente de extremidade única é bom, mas este sistema de sinalização é unidirecional, pelo que não podemos enviar e receber os dados de um único lado. Para ultrapassar este problema, é abordado no próximo capítulo um sistema de sinalização bidirecional.

Referências

[1] Sunil Jadav, Gargi Khanna, Ashok Kumar , Gaurav Saini, "Low Power High Throughput Current Mode Signaling Technique for Global VLSI Interconnect" , *Int'l Conf. on Computer & Communication Technology ICCCT*, Nov. 2010

[2] Evert Seevinck, P. J. van Beers e H. Ontrop, "Current-mode techniques for high speed VLSI circuits with application to current sense amplifier for CMOS SRAM's," *IEEE Journal of Solid State Circuits*, vol. 26, no. 4, pp. 525-536, abril de 1991.

[3] H. Veendrick, A. Katoch e E. Seevinck, "High speed current-mode signaling circuits for on-chip wires", em Proc. Of ISCAS, pp. 4138-4141, maio de 2005.

[4] M. Tabrizi, N. Masoumi, M. Deilami, "High speed current-mode signalling for interconnects considering transmission line and crosstalk", *in Proc. of MWSCAS*, pp. 17-20, agosto de 2007

[5] M. Dave, M. Shojaei e D. Sharma," Low power current mode receiver with inductive input impedance" *in Proc. of ISLPED*, August 2008

[6] http://ptm.asu.edu/

[7] Bakoglu, H. B. e Meindl, J. D. Optimal Interconnection Circuits for VLSI. IEEE Transactions on Electron Devices, páginas 903-909, 1985.

Capítulo 5

Sinalização bidirecional em modo de corrente

5.1 Introdução

Inicialmente, discutimos o modo unidirecional para a sinalização em modo de corrente. Está bem estabelecido que a velocidade, a potência e a área dos fios globais se tornaram estrangulamentos no desempenho global dos processadores modernos e dos SoC (System-on-Chips). Muitas vezes, é necessário que os dados viajem em ambas as direcções entre dois blocos lógicos nos circuitos integrados modernos. Por exemplo, um processador precisa de ler e escrever na cache. O problema da velocidade, da potência e da área é mais grave nos barramentos globais bidireccionais do que nos unidireccionais. Embora possam ser utilizados dois barramentos unidireccionais para obter uma comunicação bidirecional, tal é muito dispendioso em termos de área e potência. Frequentemente, é utilizado um único conjunto de fios com repetidores bidireccionais que podem transmitir seletivamente os dados em qualquer direção. Convencionalmente, são utilizados como repetidores bidireccionais buffers tri-state ligados back-to-back. Estes buffers tri-state consomem muita energia.

A Figura 5.1 mostra uma ligação bidirecional convencional em modo de tensão com um buffer de estado triplo ligado consecutivamente. Apenas um dos buffers tri-state é ativado, dependendo da direção de condução desejada. Os caminhos de pull-up e pull-down dos buffers requerem dois transístores em pilha: um acionado pelos dados e o outro acionado pelo sinal de direção. Assim, os tamanhos destes transístores PMOS e NMOS são o dobro do necessário para um repetidor numa ligação unidirecional. O inversor desativado oferece uma carga adicional ao inversor ativo, o que leva a um aumento do atraso do repetidor bidirecional. Além disso, o sinal de direção que determina o sentido das comunicações é necessário na entrada de cada repetidor do barramento. Assim, o sinal de direção tem de ser encaminhado juntamente com o barramento de dados. Os repetidores na linha que transporta o sinal de direção podem ser unidireccionais ou bidireccionais com base no protocolo de comunicação. Os repetidores do barramento de dados representam uma carga enorme para os repetidores da linha de sinal de direção. A receção da transmissão de dados e a mudança de direção consomem uma grande corrente transitória da alimentação, o que provoca ruído na alimentação. Deste modo, uma ligação bidirecional convencional sofre de problemas de grande atraso, potência, área e corrente de pico.

Os circuitos repetidores bidireccionais que não necessitam de sinal de habilitação e aceleram a propagação do sinal em qualquer direção foram sugeridos no passado [1][2]. O repetidor descrito em [1] apresenta melhorias no atraso e na potência, mas é muito sensível a crosstalk e outras fontes de ruído [2]. O repetidor regenerativo descrito em [2] sofre de contenção entre dois dispositivos durante as fases iniciais da transição. Os autores em [2] reivindicam uma melhoria de 50% no atraso em relação às linhas sem repetidores. No entanto, a melhoria é marginal quando comparada com a linha convencional inserida com repetidor. Um esquema de sinalização para comunicação bidirecional é mencionado em [3]. O documento centra-se no esquema unidirecional e não discute em pormenor o desempenho do esquema bidirecional. Entre todos, [4] é uma solução promissora para um esquema bidirecional sem repetidor.

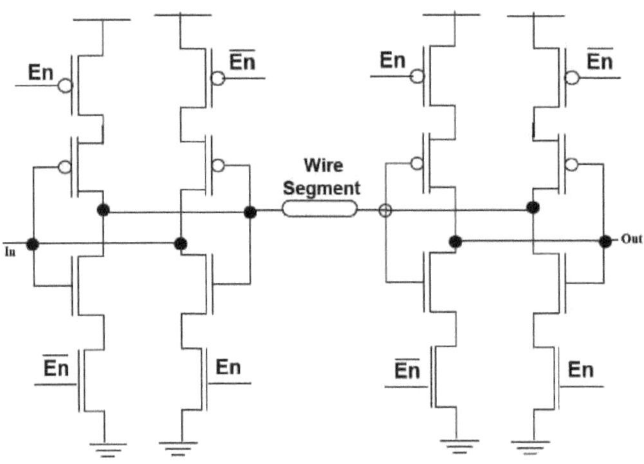

Figura 5.1 Sinalização bidirecional convencional em modo de corrente

Assim, o circuito de controlo de direção [4] é utilizado para a análise da sinalização bidirecional em modo de corrente.

5.2 Esquema bidirecional

Este esquema consiste em dois transreceptores, um em cada extremidade da linha. Por conseguinte, o sinal de direção só é necessário nas extremidades. O sinal de direção pode ser igual ou derivado de um dos sinais de controlo do protocolo de comunicação. Aqui, o sinal de direção $(T_x/\overline{Rx})$ está disponível localmente em ambas as extremidades antes do início da transmissão de dados. O sinal de direção $T_x/\overline{Rx} = Vdd$ configura o emissor-recetor no modo de transmissão e $T_x/\overline{Rx} = Gnd$ configura-o no modo de receção. O circuito do emissor-recetor é constituído por duas partes: a) Lado A e b) Lado B, como mostra a figura. Em qualquer altura, o lado A ou o lado B conduz a linha.

5.2.1 Transcetor em modo de transmissão

A parte do transmissor responde ao sinal de entrada quando $T_x/\overline{Rx}$ is V_{dd} A parte do transmissor é constituída por dois condutores: um condutor forte e um condutor fraco. Baseia-se no princípio da sobrealimentação. Aqui, o condutor forte fornece a grande corrente durante as transições e o condutor fraco fornece a corrente de estado estável. As portas NAND e NOR ligam o condutor forte durante um curto período de tempo dado pelo elemento de atraso. O condutor forte e o condutor fraco utilizam fontes de corrente de transístor único. O elemento de atraso é constituído por três inversores de tamanho mínimo em cascata.

5.2.2 Transcetor em modo de receção

A parte do recetor é activada quando $T_x/\overline{Rx}$ is 0. O recetor é essencialmente um PMOS/NMOS ligado por díodos seguido de uma cadeia de inversores. A impedância de entrada de sinal pequeno oferecida pelo recetor é $1/(g_{mn}+g_{mp})$, assumindo que a resistência de ligação dos comutadores controlados por $T_x/\overline{Rx}$ é muito pequena. A tensão da linha oscila em torno do limiar de comutação do inversor ligado por díodo. O inversor-amplificador e os inversores subsequentes amplificam a oscilação da tensão na linha para níveis lógicos digitais. A carga adicional oferecida pela parte recetora ao transmissor é muito pequena. Além disso, quando a parte recetora está desactivada, não existe um caminho de corrente ativo entre V_{dd} e Gnd. Por conseguinte, consome energia estática proporcional à corrente de fuga apenas quando está desactivada.

5.3 Configuração da simulação

O sistema de sinalização de modo de corrente de extremidade única foi concebido utilizando a tecnologia UMC180 (*.18um*) com V_{dd}=1,8V. A simulação foi efectuada com o simulador CADENCE SPECTRE. Aqui, as estruturas RC π 3 são tomadas como modelo de interligação. O valor de R e C são tomados 22 Ω / mm e 243,768fF/mm, respetivamente, usando [5]. O driver é projetado com o tamanho mínimo do inversor. A carga é considerada como o tamanho do inversor FO4. O número de repetidores e o tamanho do repetidor são usados com base em [6].

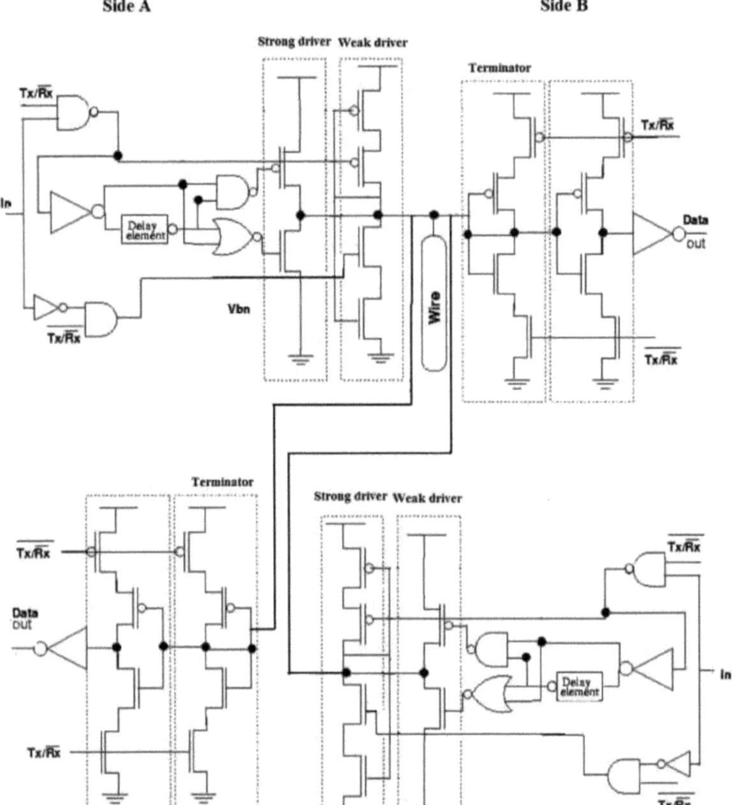

Figura 5.2 Transreceptor bidirecional

5.4 Resultados da simulação e discussão

Na figura 5.3 é apresentada a forma de onda de entrada e saída da sinalização de modo de corrente de extremidade única. Aqui observamos que, sempre que há transição entre a entrada e a saída, é transmitida uma corrente de valor elevado (forte) através da interligação.

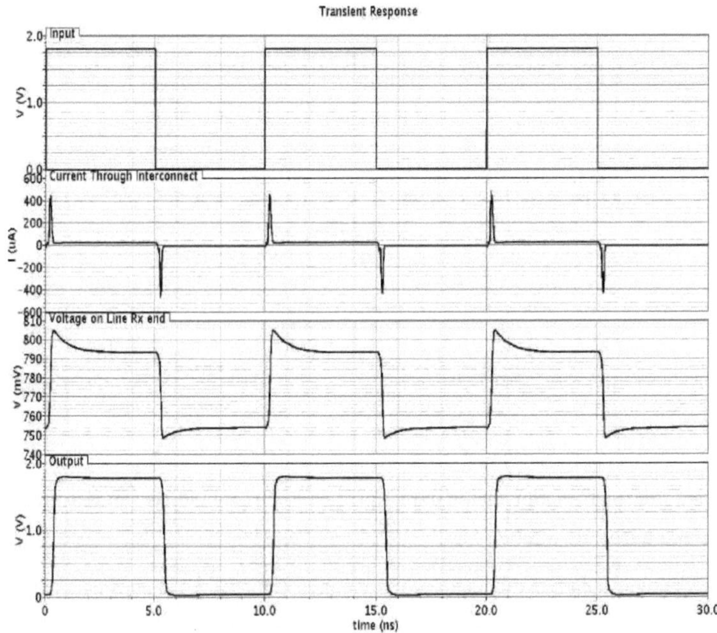

Figura 5.3 Forma de onda entrada-saída da sinalização bidirecional em modo de corrente

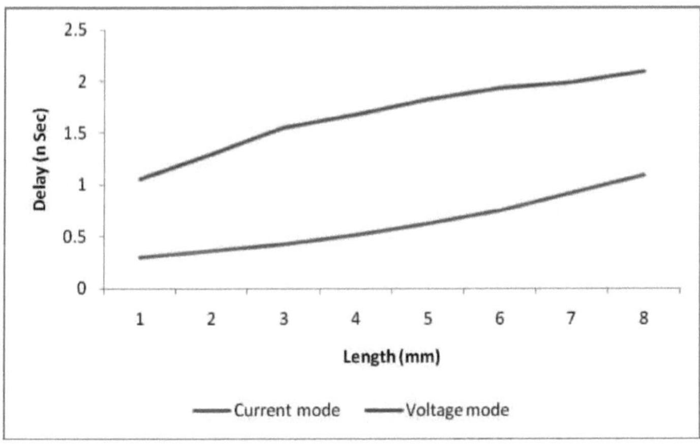

Figura 5.4 Atraso em relação ao comprimento para o modo de corrente bidirecional e o modo de tensão (utilizando uma memória intermédia de três estados)

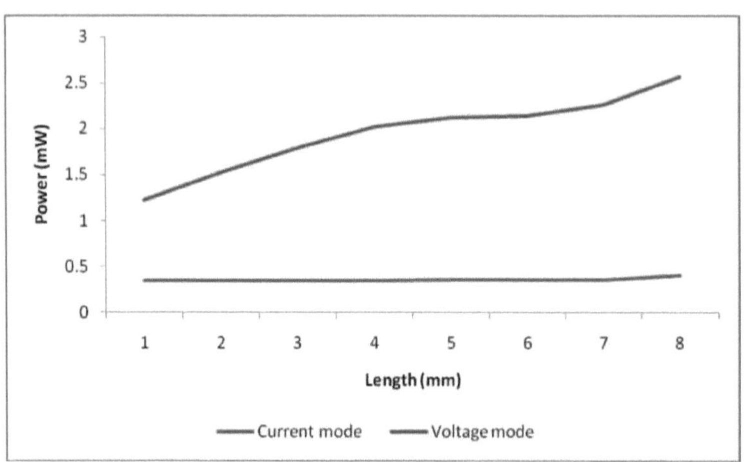

Figura 5.5 Potência em função do comprimento para o modo de corrente bidirecional e o modo de tensão (utilizando um buffer tri-estado)

As variações do atraso são mostradas na Figura 5.4. Atraso entre a entrada e a saída medido a 50% dos transientes de subida e descida para diferentes comprimentos de linha a uma taxa de dados de 100 Mbps. A variação do atraso é aproximadamente linear em relação ao comprimento da interconexão em ambos os esquemas. A melhoria do atraso do modo de corrente em relação à sinalização do modo de tensão é de 48% para um comprimento de interligação de 7 mm.

As variações de potência são apresentadas na Figura 5.5. O consumo de energia é medido ao longo de 40 ciclos de entrada de onda quadrada. Observamos que a potência não varia muito, mesmo que o comprimento aumente no modo de corrente, enquanto no modo de tensão bidirecional convencional a potência aumenta. A variação de potência é menor devido à dissipação de potência dinâmica insignificante no modo de corrente bidirecional. Observa-se uma poupança de energia de 3 vezes a 2 mm e de 7 vezes a 8 mm em relação à sinalização em modo de tensão.

5.6 Disposição

Na figura 5.6 é desenhada a disposição do sistema de sinalização em modo de corrente. Aqui, o metal M3 é utilizado como interconexão. O comprimento da interligação é de 4 mm para a simulação.

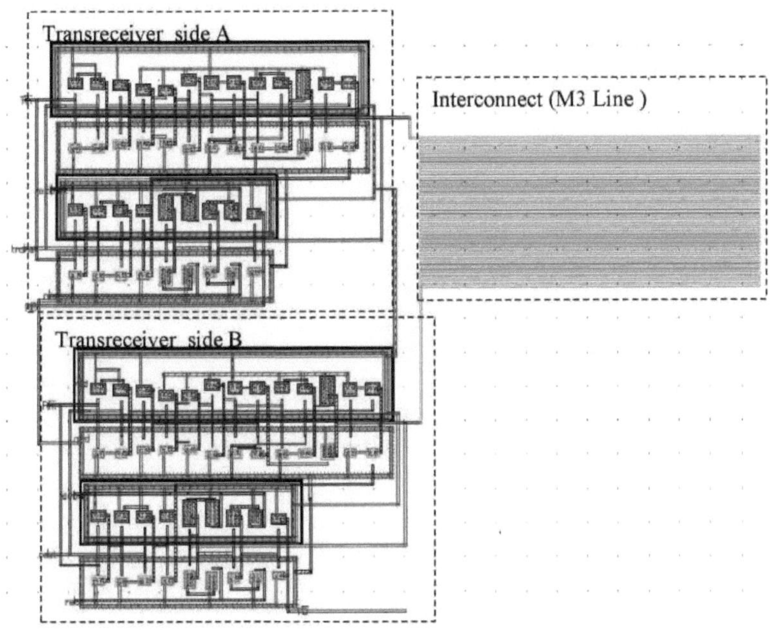

Figura 5.6 Esquema do sistema de sinalização bidirecional em modo de corrente

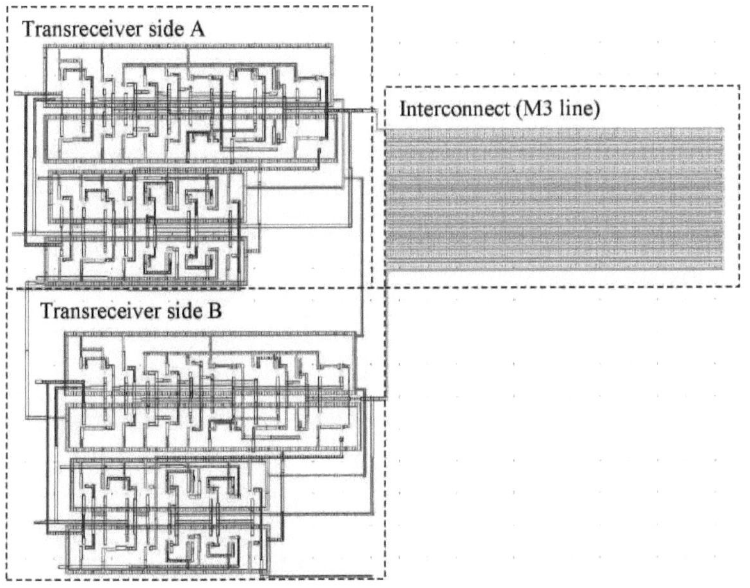

Figura 5.7 Vista extraída do sistema de sinalização bidirecional em modo corrente

A vista extraída é mostrada na Figura 5.7, que foi utilizada para a simulação pós-plotagem. Os resultados da pós-simulação são verificados a 100 Mbps para o comprimento de interligação de 4 mm, dando quase o mesmo resultado que obtivemos no circuito.

5.7 Discussão

Este capítulo apresentou o sistema de sinalização bidirecional em modo de corrente. O requisito de potência da sinalização bidirecional em modo de corrente é maior em relação à sinalização unidirecional em modo de corrente de extremidade única. O atraso é elevado na sinalização bidirecional em modo de corrente em comparação com a sinalização unidirecional devido à carga adicional oferecida pelos transístores desactivados.

Quando a oscilação se torna muito mais baixa, a imunidade ao ruído do circuito de extremidade única diminui, mas precisamos de um circuito que seja altamente imune ao ruído. Assim, os circuitos diferenciais podem utilizar uma oscilação baixa através do fio de interligação devido à sua robusta imunidade ao ruído. No capítulo seguinte, é apresentada a sinalização diferencial em modo de corrente.

Referências

[1] I. Dobbelaere, M. Horowitz e A. El Gamal, "Regenerative feedback repeaters for programmable interconnections", *em Proceedings of ISSCC,* pp. 116-117, fevereiro de 1995.

[2] S. Bobba, I. N. Haji, "High-Performance Bi-diretional Repeaters", *em Proceedings of Great Lake Symposium on VLSI*, pp. 53-58, maio de 2000

[3] A. Katoch, E. Seevinck e H. Veendrick, "Fast Signal Propagation for Point to Point On-Chip Long Interconnects using Current Sensing" *in Proceedings of ESSCIRC*, pp. 195-198, setembro de 2002

[4] M. Dave , R. Satkuri, M. Jain, M. Shojaei, D. Sharma, "Low-Power CurrentMode Transceiver for On-chip Bidirectional Buses", *em Proceeding of ISLPED'10,Aug 2010*

[5] http://ptm.asu.edu/

[6] Bakoglu, H. B. e Meindl, J. D. Optimal Interconnection Circuits for VLSI. IEEE Transactions on Electron Devices, páginas 903-909, 1985.

Capítulo 6

Sinalização do modo de corrente diferencial

6.1 Introdução

Os esquemas de modo de corrente diferencial têm uma vantagem distinta sobre os esquemas de terminação simples em termos de imunidade ao ruído e integridade do sinal, o que é de importância primordial nos projectos VDSM (Very Deep Submicron). Os campos irradiados por cada interligação em configuração diferencial são de polaridade oposta, anulando-se para reduzir a energia irradiada. Esta era a principal causa de interferência electromagnética entre dispositivos. No caso de ligações em série de elevado desempenho, esta técnica é frequentemente utilizada, uma vez que existem poucos sinais. Assim, a sobrecarga de cablagem resultante é compensada pelos benefícios da rejeição de ruído que produz.

H. Zang [1] propôs várias técnicas de baixa oscilação. O esquema de Conversor de Nível com Dispositivo de Baixa Vt (LCLVD) necessita de um dispositivo de baixa Vt. O Conversor de Nível com Acoplamento Capacitivo (CCLC) utiliza um condensador de acoplamento para aumentar a sinalização de baixa oscilação, de modo a que o transístor do recetor possa ser ligado. O Registo de Conversor de Nível (LCR) fornece sinais de temporização extra que ajudam o recetor a detetar a sinalização de baixa oscilação de forma mais eficaz. O recetor de Interligação Pseudo-Diferencial (PDIFF) é um amplificador de sentido com relógio seguido de um flip-flop estático, pelo que beneficia da maioria das vantagens do amplificador diferencial. Em comparação com outros esquemas, é insensível ao ruído da alimentação VDD. No entanto, quando a sinalização é single-ended, tem baixa imunidade a ruídos, envolvendo um dispositivo de baixa Vt, um capacitor e temporização extra. A sinalização diferencial de baixa oscilação é proposta [1][4][4]. O circuito recetor utilizado em [2-3] é complexo. Assim, o recetor é simplificado em [4], mas o circuito de controlo tem um consumo de energia constante devido à fonte de corrente constante, pelo que o consumo de energia estática é elevado.

No entanto, é necessária uma sinalização de modo de corrente diferencial de baixa oscilação desejável para uma menor potência estática, sem controlo de tempo e sem necessidade de um dispositivo especial de baixa Vt e também de uma fonte de alimentação adicional.

Na secção seguinte, propusemos um novo esquema de sinalização diferencial que permite obter um bom desempenho.

6.2 Sinalização do modo de corrente diferencial

O desenho base do transmissor proposto em [5] foi utilizado no esquema atual. O design foi modificado e tornou-se diferencial. O esquema proposto de transmissão diferencial usa o princípio de overdrive para minimizar a potência estática. Para produzir corrente diferencial, o driver foi feito de forma a produzir corrente diferencial. O recetor é terminado com uma terminação de baixa impedância.

6.3 Circuito do transmissor

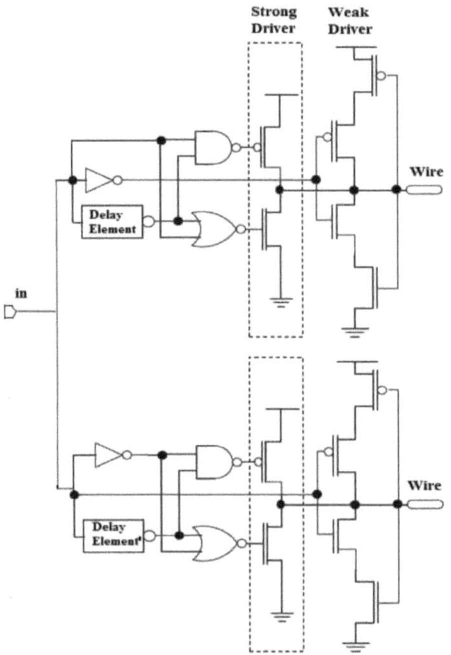

Figura n.o 6.1 Emissor de modo de corrente diferencial

Produz corrente diferencial através da interligação. O mergulhador fraco está ligado a quase Vdd/2 e foi concebido para ter uma pequena oscilação. As entradas das portas NAND e NOR são iguais. Uma entrada da porta NAND é retardada, não a outra entrada da porta NAND. Neste caso, são utilizados dois tipos de elementos de atraso: um elemento de atraso é uma cascata de três inversores de tamanho mínimo e o segundo elemento de atraso [1] é um inversor de quatro tamanhos mínimos em cascata. A saída da porta NAND é sempre alta e a saída da porta NOR é sempre baixa quando não há alteração do nível do sinal. Só quando o nível muda, ou seja, nos momentos de transição, ocorrem impulsos rápidos e agudos nas saídas destas portas.

Por isso, o driver forte liga-se apenas nos momentos de transição e conduz fortemente a linha de saída durante um curto período de tempo. Isto carrega a capacitância de interligação mais rapidamente, resultando num atraso reduzido para a transmissão do sinal apenas durante a transição da tensão na linha de sinal.

6.4 Circuito do recetor

O circuito recetor proposto para a sinalização diferencial em modo de corrente é apresentado na Fig. 6.2. Neste circuito, ambas as extremidades da linha de transmissão são terminadas com um circuito inversor ligado a díodos. A resistência oferecida pelo circuito inversor ligado ao díodo é $1/(g_{mp}+g_{mn})$. A saída desta fase é enviada para um amplificador diferencial de baixo ganho (A~ 10). Por fim, a saída do amplificador diferencial é enviada para o inversor, através do qual se obtém a saída.

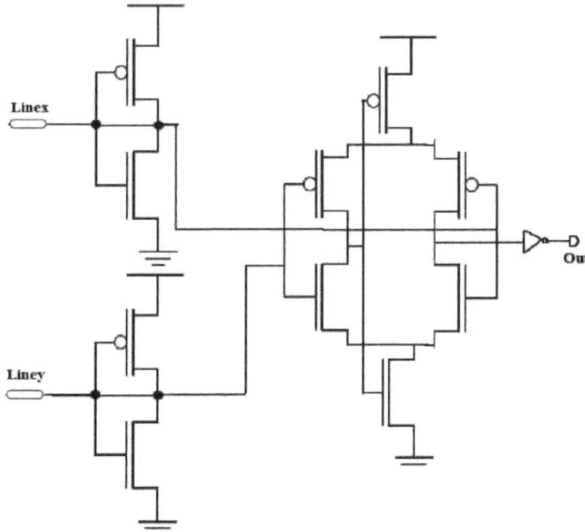

Figura 6.2 Recetor de modo de corrente diferencial

6.5 Configuração da simulação

O sistema de sinalização de modo de corrente de extremidade única foi concebido utilizando a tecnologia UMC180 (*.18um*) com V_{dd}=1,8V. A simulação foi efectuada com o simulador CADENCE SPECTRE. Neste caso, as estruturas RC π 3 são utilizadas como modelo de interligação. Aqui, as estruturas RC π 3 são tomadas como modelo de interligação. O valor de R e C são tomados 22 Ω / mm e 243,768fF / mm, respetivamente, usando [6]. O driver é projetado com o tamanho mínimo do inversor. A carga é considerada como o tamanho do inversor FO4.

6.6 Resultados da simulação e discussão

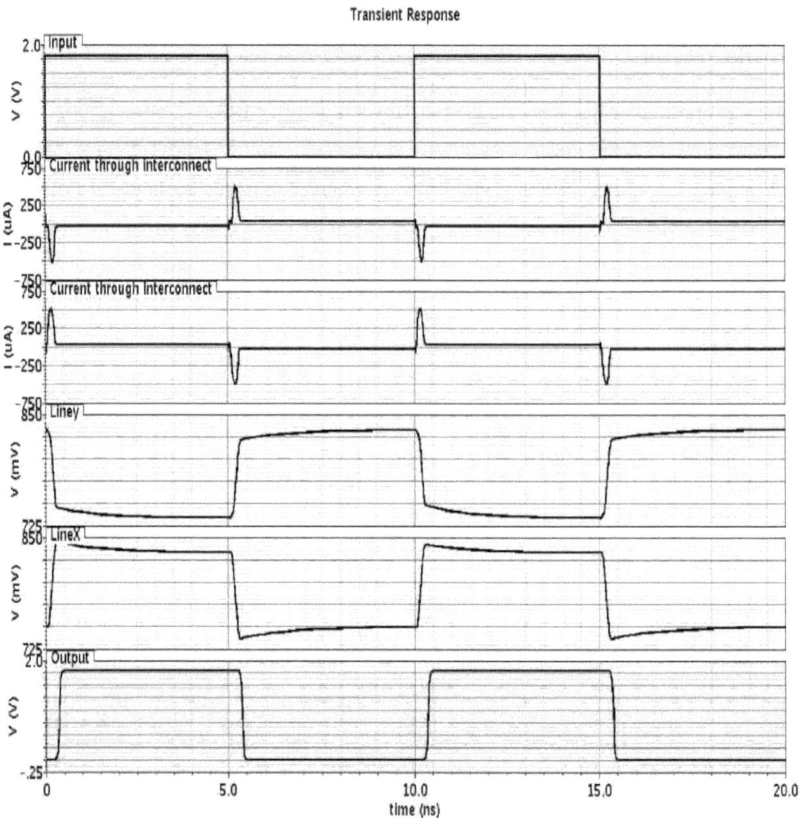

Figura 6.3 Forma de onda da sinalização em modo de corrente diferencial

A figura 6.3 mostra a forma de onda de entrada e saída da sinalização diferencial em modo de corrente. Aqui observamos que, sempre que há uma transição entre a entrada e a saída, é transmitida uma corrente de valor elevado (forte) através da interligação. São opostas uma da outra, ou seja, perfeitamente diferenciais. Por conseguinte, rejeitará o máximo de ruído entre eles. Linex, Liney são formas de onda de tensão no terminador.

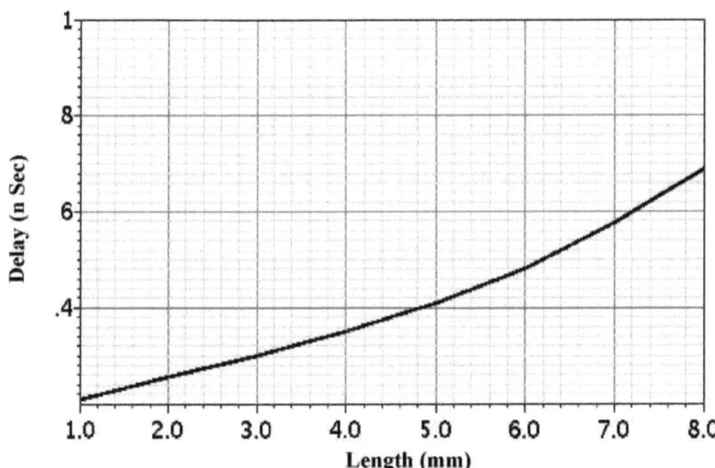

Figura 6.4 Atraso Vs comprimento para sinalização em modo de corrente diferencial

As variações do atraso são apresentadas na figura 6.4. Atraso entre a entrada e a saída medido a 50% dos transientes de subida e descida para diferentes comprimentos de linha a uma taxa de dados de 100 Mbps. A variação do atraso é aproximadamente linear em relação ao comprimento da interligação no esquema.

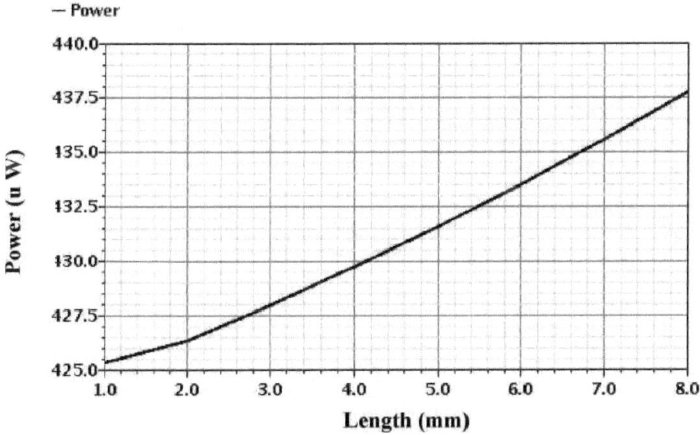

Figura 6.5 Potência Vs comprimento para sinalização em modo de corrente diferencial

As variações de potência são apresentadas na Figura 6.5. O consumo de energia é medido ao longo de 40 ciclos de entrada de onda quadrada. Observamos que a potência não varia muito, mesmo que o comprimento esteja a aumentar. A variação de potência é menor devido à dissipação de potência dinâmica negligenciável no modo de corrente diferencial.

6.7 Disposição

A Figura 6.7 mostra a disposição do sistema de sinalização em modo de corrente. Aqui, o metal M3 é utilizado como interconexão. O comprimento da interligação é de 4 mm para a simulação.

A vista extraída da sinalização do modo diferencial é mostrada na Figura 6.8, que foi utilizada para a simulação pós-planta para prever com exatidão o comportamento do silício fabricado. Os resultados da pós-simulação são verificados a 100 Mbps para o comprimento de interligação de 4 mm, dando quase o mesmo resultado que obtivemos nos circuitos.

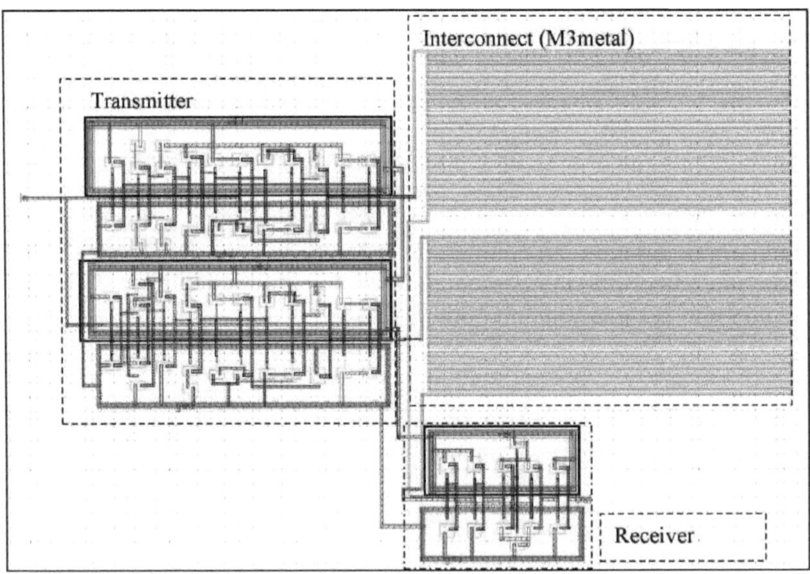

Figura 6.7 Disposição da sinalização em modo diferencial

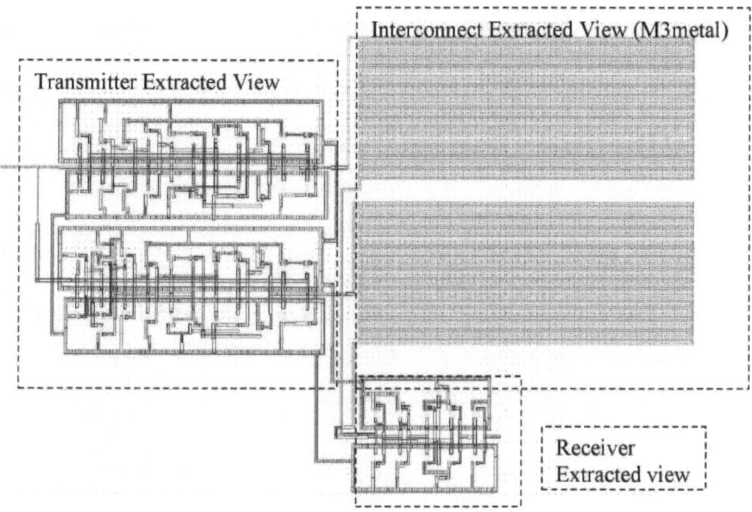

Figura 6.8 Vista extraída da sinalização em modo diferencial

6.9 Comparação dos esquemas de sinalização para um comprimento de fio de interligação de 4 mm

A comparação é efectuada para um comprimento de interligação de 4 mm a 100 Mbps

Quadro 6.1 Comparação entre diferentes esquemas de sinalização em modo de corrente

Parâmetro de desempenho	Tipo de sistema de sinalização em modo de corrente		
	Extremidade única (unidirecional)	Bidirecional	Diferencial
Atraso(p Seg)	413	512	360
Potência (μ W)	257	349	429
Débito (Gbps)	1.1	1.42	2.2
Variação do atraso (SS a FF) Canto	25%	27%	27%

O atraso da sinalização em modo bidirecional é elevado devido à carga adicional oferecida pelos transístores desactivados. A dissipação de potência é menor no modo de terminação única porque utiliza menos componentes. O rendimento é elevado na sinalização em modo de corrente diferencial devido ao menor atraso. A variação do atraso entre o canto SS e o canto FF é de 25-27% em todos os esquemas de sinalização em modo de corrente, enquanto a variação é de 42% no modo de tensão.

Referências

[1] H.Zhang, V.George e Rabaey "Low-Swing On-Chip Signaling Techniques: Effectiveness and Robustness" *IEEE Transactions On Very Large Scale Integration (VLSI) Systems*, Vol. 8, No.3, June 2000,p.264-272.

[2] Narasimhan, M. Kasotiya e R. Sridhar, "A low-swing differential signaling scheme for on-chip interconnect", *em Proceedings of the 18th IEEE International Conference on VLSI Design*, janeiro de 2005, pp. 634-639.

[3] Ashok Narasimhan, Bhooma Srinivasaraghavan e Ramalingam Sridhar(2006) "A Low-Power Asymmetric Source Driver Level Converter based Current-Mode Signaling Scheme for Global Interconnects" *in Proceedings of the 19th International Conference on VLSI Design* (VLSID'06),2006 .

[4] Liu Yong, Caijue-ping, Hao yue, Liu yi, "A Low Swing Differential Signaling Circuit for On-Chip Global Interconnects" *9th International conference on Solid State and Integrated circuit technology*, Oct. 2008 , pp. 1693 - 1696

[5] Mohammad Moghaddam Tabrizi ,Nasser Masoumi, Mahsa Deilami, "High Speed Current-Mode Signalling for Interconnects Considering Transmission line and Crosstalk Effects" *in proc of MWSCAS*, August 2007, pp. 17-20

[6] http://ptm.asu.edu/

Capítulo 7

Conclusão e trabalho futuro

7.1 Conclusão

Inicialmente, fizemos uma pesquisa bibliográfica sobre a interconexão e o escalonamento de dispositivos e, em seguida, compreendemos que a interconexão global não está a escalar com a tecnologia e, por conseguinte, o atraso está a aumentar como um quadrado do comprimento na sinalização em modo de tensão. A técnica clássica de inserção de repetidores permite resolver o problema do atraso, mas à custa da integridade dos dados, da potência e da área. Assim, este problema é resolvido utilizando a sinalização em modo de corrente.

São discutidos diferentes sistemas de sinalização em modo de corrente. Utilizando a sinalização unidirecional em modo de corrente, obtivemos um bom desempenho em termos de atraso e de potência em relação à tensão. A limitação da sinalização unidirecional em modo de corrente é que não pode transmitir e receber de ambos os lados. Devido a esta limitação, introduzimos a sinalização bidirecional em modo de corrente, que dá bons resultados em relação à técnica de inserção de repetidores (buffer tri-estado). Uma vez que a oscilação se torna mais baixa, a imunidade ao ruído do circuito de extremidade única diminui e, por conseguinte, é necessário um esquema diferencial para ultrapassar este problema. Assim, é proposta uma sinalização diferencial em modo de corrente, que é comparada com a sinalização unidirecional e bidirecional em modo de corrente de extremidade única.

Nos tipos de sinalização em modo de corrente acima referidos, foi utilizado o princípio de sobredrive dinâmico. O overdrive dinâmico minimiza a dissipação de potência estática. Gerámos um layout e uma extração DRC para a sinalização unidirecional, bidirecional e diferencial do modo de corrente. Os resultados da pré disposição e da pós disposição são comparados e, a partir deles, deduzimos que estão a dar praticamente o mesmo resultado.

7.2 Âmbito futuro

Neste livro, comparámos a apresentação prévia e posterior do circuito concebido. O circuito projetado deve ser fabricado e, em seguida, o resultado do circuito fabricado deve ser comparado com o circuito simulado.

Na sinalização em modo de corrente diferencial, o número de fios necessários é maior, pelo que a sinalização em modo de corrente diferencial incremental seria concebida para reduzir o número de fios.

Printed by Books on Demand GmbH, Norderstedt / Germany